中等职业学校

课程改革规划教材

中国旅游协会旅游教育分会组织编写

普通话及口语训练

陈怡君 主编

肖锦英 蒋靳 副主编

旅游教育出版社

Tourism Service

旅游服务类

策　　划：刘　权　景晓莉
责任编辑：何　玲

图书在版编目(CIP)数据

普通话及口语训练/陈怡君主编. —北京：旅游教育出版社，2011.8（2021.7 重印）
中等职业学校课程改革规划教材
ISBN 978-7-5637-2189-4

Ⅰ.①普…　Ⅱ.①陈…　Ⅲ.①普通话—口语—中等专业学校—教材　Ⅳ.①H193.2

中国版本图书馆 CIP 数据核字(2011)第 131446 号

中等职业学校课程改革规划教材
普通话及口语训练
中国旅游协会旅游教育分会组织编写
陈怡君　主编
肖锦英　蒋靳　副主编

出版单位	旅游教育出版社
地　　址	北京市朝阳区定福庄南里 1 号
邮　　编	100024
发行电话	(010)65778403 65728372 65767462(传真)
本社网址	www.tepcb.com
E-mail	tepfx@163.com
印刷单位	唐山玺诚印务有限公司
经销单位	新华书店
开　　本	710 毫米×1000 毫米　1/16
印　　张	13
字　　数	228 千字
版　　次	2011 年 8 月第 1 版
印　　次	2021 年 7 月第 8 次印刷
定　　价	23.00 元

(图书如有装订差错请与发行部联系)

中等职业学校课程改革规划教材
编委会

出版说明

为满足旅游行业对专业人才的培养需求，贯彻落实国家教育体制改革和教材建设的最新精神，受中国旅游协会旅游教育分会委托，根据教育部2010年修订的《中等职业学校教学目录》，我社于2011年组织编写了这套中等职业学校课程改革规划教材。

在编写出版这套教材的过程中，由时任中国旅游协会旅游教育分会段建国会长主持，全国20多所职业院校代表参加，共同听取了教育部职业技术教育中心研究所余祖光副所长和港澳中心徐锦祉总经理（现为北京励骏酒店总经理）等专家对教材编写提出的意见和建议，讨论并确定了教材编写思路，力求使这套中职教材既能反映行业需求，又能贴近教学实际。

本套中职教材具有以下特色：

◎**编写理念以人为本，教学合一贴近实际。**整套教材突出以人为本的编写理念，专业基础课教材减少了理论阐述的篇幅，加大了图表分量，力求图文并茂、讲练结合，以降低学习难度，具有较强的可读性、操作性和趣味性；专业核心课教材则以就业为导向，将学习任务与未来工作过程及职业生涯相对接，除了让学习者提前了解将要工作的环境和即将共事的同事，便于及早规划职业生涯外，还引导大家正确看待服务工作，树立职业荣誉感。整套教材从标题名称的拟定、教学环节的设计和案例的引入等方面，以学生愿意学习、快乐学习为宗旨，注重做中学、做中教，教学做合一，理论实践一体化，符合学生的认知规律和阅读习惯，贴近教学实际。

◎**教学内容易学易懂，对接岗位直观实用。**专业基础课教材创新编写模式，通过不同单元，把学习内容任务化、把知识要点案例化。专业核心课教材把岗位任务的实施与工作过程完全对接，全程模拟工作场景，把完成一个工作任务所需的基础知识、服务准备、技能训练、任务实施、同步练习等内容用形象直观的操作图示及说明文字串联起来，易学易懂，直观实用。

◎**教材结构科学严谨，由易到难梯度明晰。**整套教材按照职业领域工作过程的逻辑确定教学单元，以项目、任务、活动、案例等为载体组织各教学环节，在每个任务中，嵌入案例导入、看一看、说一说、想一想、做一做等环节，加大学生的参与性，提高学生的学习兴趣。通过基础模块、专业模块、拓展模块的分层次教学设计，由简到繁，由易到难组织各教学环节，符合中职学生的认知特点。

◎**编写人员构成合理，行业企业深度参与。**本套教材由中国旅游协会旅游教育分会组织编写，由教育部门、酒店高级管理人员、特级导游员、礼仪专家、中国芭蕾舞团原副团长等行业企业专家深度参与。第一作者均为业内专家，他们既奋斗在教学一线，又有在旅游企业挂职锻炼的从业经验。编写团队中还有行业专家和技术能手，如《形体及礼仪训练》主编蒋祖慧老师，曾任中国芭蕾舞团副团长，是我国著名女作家丁玲的女儿。《客房服务》主编之一潘先才任海南文华大酒店客房部经理，《西餐服务》副主编姜蒨任上海国际会议中心东方滨江大酒店餐饮会议总监，《中餐服务》副主编鲍小伟任四川盛嘉饭店管理公司董事长、国家级饭店星评员，《酒水服务》副主编荆悦任北京贵宾楼酒店酒吧服务经理，《会议服务》副主编伊蕾任北京国际会议中心人力资源部经理，《导游操作实务》副主编廖荣隆是四川省十佳导游，《导游讲解》副主编是上海特级导游李志军，《景区景点服务》主编之一是武汉黄鹤楼五星导游王建权，《旅游情境英语》副主编郈传英是海南美兰海航酒店综合管理部经理，《饭店服务情境英语》副主编是中国大饭店培训部助理经理袁媛、广东珠海阳光机场酒店副总经理赵倩男。

◎**呈现形式新颖多样，教材界面亲切友好。**整套教材双色印刷，装帧精美，符合中职生的年龄特征和阅读习惯。专业核心课程教材不仅有工作场景再现图片、专业设备用品图片，更有工作设备使用说明图示、专业技能操作流程图示、专业礼仪训练图示，部分教材还随书配有教学光盘，使教材呈现形式新颖多样。

我们想借此套丛书的出版，探索一种全新的教材编写、出版模式，把一本本赏心悦目、专业实用的教材奉献给大家，使其真正成为您的贴心朋友。

旅游教育出版社
2011.8

目 录

CONTENTS

单元1 行业要求篇

导 读

本篇从行业要求的角度简要地介绍推广普通话和大力发展职业教育的重要性与紧迫性，学习时要认真理解。

语音点重点训练：后响复元音韵母 ua uo ia、卷舌元音韵母 er、中响复元音韵母 iu ui、后鼻音韵母 ang eng ing ong、轻声，并对翘舌声母 zh ch sh r、前鼻音韵母 ian、重叠词、专有名词、“啊”的音变、“一”和“不”的变调等语音点进行训练。

项目1 大家都说普通话

一、会话

yóulǎn zhōng de gāngà
游览中的尴尬

Mǒu dǎoyóu dài yì lǚ yóutuán láidào mǒu jǐngdiǎn cānguān tā mǎnqiāng-rè qíng huìshēng-huìsè de xiàng yóukèmen jièshào yǎnqián de měijǐng
某导游带一旅游团来到某景点参观，她满腔热情、绘声绘色地向游客们介绍眼前的美景。

Qǐng dàjiā kàn hú lǐ de shuǐ shì shēnlánsè de xiàng kuài bǎoshí yíyàng duō měi ya
导游：“请大家看湖里的水，是深蓝色的，像块宝石一样，多美呀……”

ò zhēn de shì sēnlín shēnlán sè de
游客：“哦，真的是森林（深蓝）色的。”

dǎoyóu gǎnjǐn jiūzhèng bù bù bú shì sēnlínsè shì shēnlánsè de
导游赶紧纠正:“不,不,不是森林色,是深蓝色的。”

Duì ya wǒ shuō de jiùshì sēnlín shēnlán bú shì nǐ shuō de nàge sēnlín
游客:“对呀,我说的就是森林(深蓝),不是你说的那个森林!”

Dǎoyóu hé yóukè fèi le xǔduō kǒushé dōu méi gōutōng hǎo zhǐhǎo zuòbà
导游和游客费了许多口舌都没沟通好,只好作罢。

Zuìhòu dǎoyóu yòu xiàng yóukè jiāodàile jǐ jù huà
最后,导游又向游客交代了几句话。

Xiànzài shì zìyóu huódòng shíjiān qǐng dàjiā suíyì cānguān yóuwán zhuājǐn shíjiān pāizhào sìshí fēnzhōng zhīhòu zhǔnshí shàng chē yóulǎn xià yí gè jǐngdiǎn
导游:“现在是自由活动时间,请大家随意参观游玩,抓紧时间拍照,四十分钟之后准时上车,游览下一个景点。”

Dǎoyóu dào shíhou nín tíxǐng yíxià wǒ hǎobuhǎo Wǒ de shǒujī yǒu léidiàn láidiàn
游客:“导游,到时候您提醒一下我好不好?我的手机有雷电(来电)……”

Shénme nín de shǒujī yǒu léidiàn
导游:“什么,您的手机有雷电?”

Bú shì léidiàn láidiàn shì láidiàn léidiàn shǒujī yòu bù xūyào bìléizhēn
游客:“不是雷电(来电)是来电(雷电),手机又不需要避雷针!”

Kànlái bù xuéhǎo pǔtōnghuà yǔyán jiāojì quèshí yǒu zhàng'ài ya
看来,不学好普通话,语言交际确实有障碍呀!

二、语音点

(一)后响复元音韵母

	pǔtōnghuà	zhuājǐn	kuājiǎng	dǐngguāguā
ua	普通话	抓紧	夸奖	顶呱呱

(二)前鼻音韵母

	jǐngdiǎn	yǎnqián	shíjiān	láidiàn
ian	景点	眼前	时间	来电

（三）轻声词

shíhou　shénme　zěnme
时候　什么　怎么

三、练习

Dà lì　tíchàng　zhòngdiǎn tuīxíng　zhúbù pǔ jí
1. 大力提倡，重点推行，逐步普及。

Dà lì　tuīxíng　jī jí pǔ jí　zhúbù　tígāo
2. 大力推行，积极普及，逐步提高。

Yǐ xuéxiào wéi　jīchǔ　yǐ　dǎng-zhèng　jīguān wéi lóngtóu　dà lì　tuīguǎng
3. 以学校为基础，以党政机关为龙头，大力推广

pǔtōnghuà
普通话。

Guójiā　tuīguǎng quánguó tōngyòng de pǔtōnghuà
4. 国家推广全国通用的普通话。

Dà lì　tuīguǎng pǔtōnghuà　zēngqiáng zhōnghuá mínzú níngjù lì
5. 大力推广普通话，增强中华民族凝聚力。

Tuīguǎng pǔ jí　pǔtōnghuà　wèi xiàndàihuà jiànshè yíngzào liánghǎo de yǔ-
6. 推广普及普通话，为现代化建设营造良好的语

yán huánjìng
言环境。

Fāzhǎn shèhuìzhǔyì shìchǎng jīngjì　xūyào pǔ jí　pǔtōnghuà
7. 发展社会主义市场经济需要普及普通话。

Shuō pǔtōnghuà　yíng　sìfāngkè　yòng wénmíngyǔ　sòng　yí　piàn zhēnqíng
8. 说普通话，迎四方客，用文明语，送一片真情。

Pǔtōnghuà shì xiàoyuán yǔyán
9. 普通话是校园语言。

Qīngshàonián yào zuò tuīguǎng pǔtōnghuà de bǎngyàng
10. 青少年要做推广普通话的榜样。

Miànxiàng xiàndàihuà　tuīguǎng pǔtōnghuà
11. 面向现代化，推广普通话。

Shuōhǎo pǔtōnghuà　fāngbiàn nǐ wǒ tā
12. 说好普通话，方便你我他。

四、背景知识

Yījiǔ-wǔliù nián èr yuè liù rì　guówùyuàn xiàng quánguó fābù le　guānyú tuī-
1956 年 2 月 6 日，国务院向全国发布了《关于推

guǎng pǔtōnghuà de zhǐshì Pǔtōnghuà shì xiàndài hànyǔ de biāozhǔnyǔ shì xiàn-
广普通话的指示》。普通话是现代汉语的标准语，是现
dài hànmínzú de gòngtóngyǔ yě shì zhōnghuá mínzú dà jiātíng de gòngtóngyǔ
代汉民族的共同语，也是中华民族大家庭的共同语。

Yījiǔ-wǔwǔ nián shí yuè quánguó wénzì gǎigé huìyì hé xiàndài hànyǔ guīfàn
1955年10月，全国文字改革会议和现代汉语规范
wèntí xuéshù huìyì jiāng xiàndài hànyǔ dìngmíng wéi pǔtōnghuà bìng quèdìngle
问题学术会议将现代汉语定名为“普通话”，并确定了
pǔtōnghuà de dìngyì
普通话的定义。

Yījiǔ-bāèr nián zhōnghuá rénmín gònghéguó xiànfǎ dì shíjiǔ tiáo guīdìng
1982年《中华人民共和国宪法》第19条规定：
guójiā tuīguǎng quánguó tōngyòng de pǔtōnghuà
“国家推广全国通用的普通话。”

Zhōnghuá rénmín gònghéguó jiàoyù fǎ dì shíèr tiáo guīdìng xuéxiào jí qí-
《中华人民共和国教育法》第12条规定：“学校及其
tā jiàoyù jīgòu jìnxíng jiàoxué yīngdāng tuīguǎng shǐyòng quánguó tōngyòng de pǔ-
他教育机构进行教学，应当推广使用全国通用的普
tōnghuà hé guīfànzì
通话和规范字。”

> 后响复元音韵母 ia，ie，ua，uo 和 üe
>
> 普通话的后响复元音韵母共有5个。它们发音的共同点是舌位由高向低滑动，收尾的元音音素响亮清晰，而开头的元音处于韵母的韵头位置，发音不太响亮，比较短促。

项目2 职业教育成就人才

一、会话

zhuāzhù jīyù yǒngyú tiǎozhàn
抓住机遇勇于挑战

Zài xiàoyuán wénhuà yìshùjié zhōng zhígāoshēng Lǐ Mǐn dédàole yǎnjiǎng
在校园文化艺术节中，职高生李敏得到了演讲

dàsài de yīděngjiǎng yǒuqù de shì Lǐ Mǐn yuánxiān bìng wèi dǎsuàn cānjiā Tā
大赛的一等奖，有趣的是，李敏原先并未打算参加。他
shàng pǔgāo de hǎoyǒu Zhāng Qiàn qiánlái zhùhè
上普高的好友张茜前来祝贺。

Gōngxǐ nǐ déle yīděngjiǎng de xīnqíng rúhé
张茜：“恭喜你，得了一等奖的心情如何？”

Gāngcái xuānbù míngcì shí wǒ de xīn zài měng tiào tīngdào zì jǐ dé-
李敏：“刚才宣布名次时，我的心在猛跳，听到自己得
le yīděngjiǎng shí wǒ hěn kāixīn nà zhǒng xīnqíng shì nányǐ xíngróng de
了一等奖时，我很开心，那种心情是难以形容的。”

Zhè cì bǐsài nǐ zuì dà de shōuhuò shì shénme
张茜：“这次比赛你最大的收获是什么？”

Zuì dà de shōuhuò shì duànliànle wǒ de dǎnliàng hé nénglì Nǐ zhī-
李敏：“最大的收获是锻炼了我的胆量和能力。你知
dào ma gāng dézhī yào jǔxíng zhè cì bǐsài shí wǒ hái dǎsuàn bù cānjiā ne Shì
道吗，刚得知要举行这次比赛时，我还打算不参加呢。是
bānzhǔrèn duì wǒ shuō yào bǎwò zhù měi yí cì jīhuì rúguǒ nǐ bù chángshì tiǎo-
班主任对我说：‘要把握住每一次机会，如果你不尝试挑
zhàn nǐ jiāng huì hòuhuǐ Zhè huà gěi le wǒ hěn dà de gǔwǔ ràng wǒ míngbai zhǐ-
战，你将会后悔。’这话给了我很大的鼓舞，让我明白只
yào yǒu yǒngqì hé zìxìnxīn jiù chénggōngle yíbàn
要有勇气和自信心，就成功了一半。”

Tīngshuō nǐ biǎoyǎnle chànggē hé zhǐhuī bìng yíngdéle quán chǎng
张茜：“听说你表演了唱歌和指挥，并赢得了全场
hècǎi shuō shíhuà nǐ zài tái shang bù jǐnzhāng ma
喝彩，说实话，你在台上不紧张吗？”

Dāngshí wǒ yìxīn zhǐ xiǎngzhe biǎoxiàn yīnyuè wàngjì le jǐnzhāng
李敏：“当时，我一心只想着表现音乐，忘记了紧张，
suǒyǐ bù jǐnzhāng Néng dédào tóngxuémen nàme hǎo de píngjià wǒ zhēnde hěn
所以不紧张。能得到同学们那么好的评价，我真的很
gāoxìng
高兴。”

Nǐmen xuéxiào de yìshùjié xìliè huódòng zhēn hǎo
张茜：“你们学校的艺术节系列活动，真好！”

Shì a wǒmen xuéxiào dì-èr kètáng de huódòng shífēn fēngfù gěi-
李敏：“是啊，我们学校第二课堂的活动十分丰富，给
le wǒmen gèng dà de huódòng kōngjiān fēngfùle wǒmen de shēnghuó shǐ wǒ-
了我们更大的活动空间，丰富了我们的生活，使我

men yǒu gèng duō de duànliàn jīhuì
们 有 更 多 的 锻 炼 机会。”

Zhēnchéng de zhùhè nǐ Gǎnyú tiǎozhàn wǒ yào xiàng nǐ xuéxí
张茜:“真 诚 地 祝贺 你。敢 于 挑 战,我 要 向 你 学习!”

二、语音点

(一)翘舌音声母

zhùhè zhígāoshēng fāzhǎn zhíyè zhōng nà zhǒng zhè cì
zh 祝贺 职高 生 发 展 职业 中 那 种 这 次

dézhī zhǔrèn zhù zhǐhuī zhǐyào zhēnchéng
得知 主任 住 指挥 只要 真 诚

chéngjiù chángshì chànggē quánchǎng
ch 成 就 尝 试 唱 歌 全 场

yìshù shì shí shōuhuò shuō shíhuà gǎnshòu shífēn
sh 艺术 是 时 收 获 说 实话 感 受 十分

shēnghuó shīzhǎn shǐ shíjiàn
生 活 施 展 使 实践

réncái rúguǒ rèn ràng
r 人才 如果 任 让

(二)后鼻音韵母

jiǎng gāngcái dāng jiāng kètáng
ang 奖 刚 才 当 将 课 堂

děng měngtiào nénglì fēngfù gèng dà
eng 等 猛 跳 能力 丰富 更 大

bìng qǐngwèn tīngdào xíngróng míngbai yíngdé píng píngjià
ing 并 请 问 听 到 形 容 明 白 赢 得 凭 评 价

gāoxìng
高 兴

gōngxǐ chōngmǎn yǒngqì huódòng kōngjiān gòngmiǎn
ong 恭喜 充 满 勇气 活 动 空 间 共 勉

三、练习

Dàlì fāzhǎn zhíyè jiàoyù
1. 大力 发 展 职业 教 育。

Zhíyè jiàoyù jiùshì jiùyè jiàoyù
2. 职业 教 育 就是 就业 教 育。

Tígāo zhíyè xuéxiào bànxué shuǐpíng cùjìn dìfāng jīngjì hé shèhuì fāzhǎn
3. 提高 职业 学 校 办 学 水 平,促进 地方 经济 和 社 会 发 展 。

Shēnrù shíjì diàochá yánjiū tūxiǎn zhíyè jiàoyù bànxué tèsè
4. 深入实际，调查研究，突显职业教育办学特色。

Zhuāzhù jīyù jījí jìnqǔ kāichuàng zhíyè jiàoyù gōngzuò xīn júmiàn
5. 抓住机遇，积极进取，开创职业教育工作新局面。

Yǐ fúwù wéi zōngzhǐ yǐ jiùyè wéi dǎoxiàng shíxiàn zhíyè jiàoyù de kuài-sù jiànkāng chíxù fāzhǎn
6. 以服务为宗旨，以就业为导向，实现职业教育的快速健康持续发展。

Dàlì tuījìn zhíyè jiàoyù hé péixùn wèi cùjìn jiùyè hé jìnéng réncái duìwǔ jiànshè fúwù
7. 大力推进职业教育和培训，为促进就业和技能人才队伍建设服务。

Dàlì shíshī réncái qiángguó zhànlüè jiākuài tuījìn zhíyè jiàoyù fāzhǎn
8. 大力实施人才强国战略，加快推进职业教育发展。

Yǐ rén wéi běn kēxué fāzhǎn dàlì kāizhǎn zhíyè jìshù jiàoyù
9. 以人为本，科学发展，大力开展职业技术教育。

Qiúzhēn wùshí kāituò jìnqǔ jījí tuīdòng zhíyè jiàoyù fāzhǎn hé gǎigé
10. 求真务实，开拓进取，积极推动职业教育发展和改革。

Quánmiàn guànchè quánguó zhíyè jiàoyù gōngzuò huìyì jīngshén
11. 全面贯彻全国职业教育工作会议精神。

Yǔshí-jùjìn zǒu chuàngxīn kuàyuè fāzhǎn zhī lù nǔlì kāituò zhíyè jiào-yù gōngzuò de xīn júmiàn
12. 与时俱进，走创新跨跃发展之路，努力开拓职业教育工作的新局面。

四、背景知识

Zhōnghuá rénmín gònghéguó zhíyè jiàoyù fǎ zì yījiǔ-jiǔliù nián jiǔ yuè yī rì qǐ shíshī qízhōng dì sì tiáo guīdìng shíshī zhíyè jiàoyù bìxū guànchè guójiā jiào-yù fāngzhēn duì shòujiàoyùzhě jìnxíng sīxiǎng zhèngzhì jiàoyù hé zhíyè dàodé jiào-yù chuánshòu zhíyè zhīshi péiyǎng zhíyè jìnéng jìnxíng zhíyè zhǐdǎo quánmiàn tígāo shòujiàoyùzhě de sùzhì

《中华人民共和国职业教育法》自1996年9月1日起实施，其中第4条规定：“实施职业教育必须贯彻国家教育方针，对受教育者进行思想政治教育和职业道德教育，传授职业知识，培养职业技能，进行职业指导，全面提高受教育者的素质。”

Èrlíng-língwǔ nián guówùyuàn bānfāle guānyú dàlì fāzhǎn zhíyè jiàoyù de

2005年，国务院颁发了《关于大力发展职业教育的

juédìng duì zhíyè jiàoyù gōngzuò zuòchū le quánmiàn bùshǔ
决定》，对职业教育工作做出了全面部署。

Běn shìjì tóu èrshí nián wǒ guó jīngjì shèhuì fāzhǎn chǔ zài yí gè xīn de guānjiàn jiēduàn hé zhòngyào jīyùqī Tígāo láodòngzhě sùzhì zēngqiáng chǎnyè jìngzhēnglì bìxū yǐ zhíyè jiàoyù wéi jīchǔ Gè jí zhèngfǔ yào bǎ zhíyè jìshù jiàoyù nàrù dāngdì jīngjì hé shèhuì fāzhǎn de zǒngtǐ guīhuà shǐ jīngjì jiànshè zhēnzhèng zhuǎndào yīkào kējì jìnbù hé tígāo láodòngzhě sùzhì de guǐdào shang lái
本世纪头20年，我国经济社会发展处在一个新的关键阶段和重要机遇期。提高劳动者素质，增强产业竞争力，必须以职业教育为基础。各级政府要把职业技术教育纳入当地经济和社会发展的总体规划，使经济建设真正转到依靠科技进步和提高劳动者素质的轨道上来。

> zh、ch、sh是舌尖后音，发zh、ch音时，舌尖翘起顶住前硬腭，然后让气流把舌尖的阻碍冲开一道窄缝，并从中挤出摩擦成声。发sh音时，舌尖翘起接近前硬腭，形成窄缝，气流就从这个窄缝挤出摩擦成声。
>
> 根据发音时舌尖平翘的情况，也把zh、ch、sh叫做翘舌音。

项目3 职业道德

一、会话

zhízé rú tiān
职责如天

Xiāngtán xīntiāndì lǚxíngshè dǎoyóu Wén Huāzhī zài zāoyù chēhuò de shēngsǐ guāntóu búgù gèrén ānwēi yōuxiān kǎolǜ yóukè de shìjì zài shèhuì gè jiè yǐnqǐ qiángliè fǎnxiǎng
湘潭新天地旅行社导游文花枝在遭遇车祸的生死关头，不顾个人安危，优先考虑游客的事迹，在社会各界引起强烈反响。

Nǐ zhīdào Wén Huāzhī de shìjì ma zhè wèi Sháoshān nǚháir de
导游甲："你知道文花枝的事迹吗？这位韶山女孩儿的

shìjì zhēn jiào rén gǎndòng
事迹真叫人感动！”

Shì a tā cái èrshísān suì zāoyù chēhuò shí zěnme néng nàme zhèn-
导游乙：“是啊，她才 23 岁，遭遇车祸时怎么能那么镇
dìng ne
定呢？”

Hūnmí zhīhòu xǐng guòlai duànle tuǐ bùnéng dòngtan de tā qiǎ zài
导游甲：“昏迷之后醒过来，断了腿、不能动弹的她卡在
zuòwèishang dǎ le diànhuà bàojǐng dāng jiùhù rényuán lái jiù tā shí tā shuō wǒ
座位上打了电话报警，当救护人员来救她时，她说：‘我
shì dǎoyóu xiān jiù yóukè
是导游，先救游客。’”

Zhè zhǒng búpà xīshēng de jīngshén zhēn ràng rén jìngpèi Tā zhè
导游乙：“这种不怕牺牲的精神真让人敬佩！她这
shì yǐ shēngmìng wéi dàijià kèshǒu zhízé rú tiān de nuòyán
是以生命为代价恪守‘职责如天’的诺言。”

Shì de Tā bǎ jí tǐ de lì yì kàn de bǐ shēngmìng hái zhòng chūshì
导游甲：“是的。她把集体的利益看得比生命还重，出事
hòu yìzhí hùzhù tuánkuǎn hái gǔ lì shòushāng yóukè yào yǒu qiúshēng de yǒngqì
后一直护住团款，还鼓励受伤游客要有求生的勇气。”

Shízài nándé Shēn wéi dǎoyóu zhè shì tā chéngshí shǒuxìn zhōng-
导游乙：“实在难得。身为导游，这是她诚实守信，忠
yú zhíshǒu de zhēnshí biǎoxiàn
于职守的真实表现。”

Kě tā shuōde hěn pǔtōng wǒ shì yì míng píngfán de dǎoyóu zhǐ-
导游甲：“可她说得很普通：‘我是一名平凡的导游，只
shì zuòle wǒ gāi zuò de shì
是做了我该做的事。’”

Tā shějǐ-wèirén jiānshǒu gǎngwèi shízài shì tài wěidà le zài píng-
导游乙：“她舍己为人、坚守岗位，实在是太伟大了，在平
fán de gǎngwèi shang zuòchūle bù píngfán de yè jì
凡的岗位上做出了不平凡的业绩！”

Shì a Gèng ràng rén qīnpèi de shì tā jiānrèn-bùbá lèguān-xiàng
导游甲：“是啊！更让人钦佩的是她坚韧不拔、乐观向
shàng de rénshēng tàidu tā shuō zhuāngshàng jiǎzhī wǒ hái yào dāng dǎoyóu
上的人生态度，她说：‘装上假肢，我还要当导游。’”

Shì de rén de yìshēng yǒu hěnduō gōugōu-kǎnkǎn duō yí fèn jiān-
导游乙:“是的,人的一生 有很多沟沟坎坎,多一份坚
qiáng duō yí fèn lèguān yǔ huòdá cái néng zuò yí gè xiàng Wén Huāzhī yíyàng
强,多一份乐观与豁达,才能做一个像文花枝一样
tángtáng-zhèngzhèng de dàxiě de rén
堂堂正正的、大写的人。”

Wǒ yě yào xiàng Wén Huāzhī xuéxí shēn chǔ nìjìng shí yídìng yào
导游甲:“我也要向文花枝学习,身处逆境时,一定要
shùlì zhèngquè de rénshēngguān fāfèn-túqiáng yòng zì jǐ de shuāngshǒu qù chuàng-
树立正确的人生观,发愤图强,用自己的双手去创
zào měihǎo de shēnghuó
造美好的生活。”

Wén Huāzhī zhēn shì míngrú qírén xiàoliǎn rúhuā xīn měi rúhuā
导游乙:“文花枝,真是名如其人,笑脸如花,心美如花,
jǔzhǐ rúhuā
举止如花!”

Yuàn tā xìngfú kuàilè zhídào yǒngyuǎn yě zhùyuàn tā hǎorén yì-
导游甲:“愿她幸福快乐直到永远!也祝愿她好人一
shēng píng ān
生平安!”

二、语音点

(一)前响复元音韵母

nǚháir guòlái dàijià tàidu kuàilè
ai 女孩儿 过来 代价 态度 快乐
zài cái hái gāi tài
在 才 还 该 太
ānwēi zuòwèi jìngpèi wéi gǎngwèi qīnpèi měihǎo
ei 安危 座位 敬佩 为 岗位 钦佩 美好
shìhòu shuāngshǒu gōu shòushāng shǒuxìn jiānshǒu
ou 事后 双手 沟 受伤 守信 坚守

(二)中响复元音韵母

qiúshēng jiùhù hěn jiǔ liú jiù
iu 求生 救护 很久 流 就

(三)后响复元音韵母

chēhuò zuòwèi shuō nuòyán zuò hěn duō huòdá shēnghuó
uo 车祸 座位 说 诺言 做 很多 豁达 生活

(四)重叠词

gōugōu-kǎnkǎn tángtáng-zhèngzhèng píngpíng-chángcháng
沟沟坎坎 堂堂正正 平平常常

三、练习

lǚyóuyè zhíyè dàodé guīfàn
1. 旅游业职业道德规范

zhōngyú zǔguó nèiwài yǒubié ànzhāng bànshì zūn jì shǒu fǎ
忠于祖国 内外有别 按章办事 遵纪守法

zìzūn zì'ài guānxīn yóukè yíshìtóngrén zhùyì xiǎojié
自尊自爱 关心游客 一视同仁 注意小节

shāngyè zhíyè dàodé guīfàn
2. 商业职业道德规范

rè'ài shāngyè zhōngyú zhíshǒu huòzhēn-jiàshí mǎimài gōngpíng
热爱商业 忠于职守 货真价实 买卖公平

wénmíng jīngshāng lǐmào dài kè qínjiǎn jīngyíng liánjié fènggōng
文明经商 礼貌待客 勤俭经营 廉洁奉公

qǐ yè dàodé guīfàn
3. 企业道德规范

zhèngdàng jīngyíng héfǎ jìngzhēng yánshǒu xìnyòng jiǎngjiu xìnyù
正当经营 合法竞争 严守信用 讲究信誉

yònghù zhìshàng rèqíng fúwù píngděng hù lì tóngzhōu-gòngjì
用户至上 热情服务 平等互利 同舟共济

yīdé jīběn guīfàn
4. 医德基本规范

rè'ài yīxué xiànshēn shìyè jiùsǐ-fúshāng jǔzhǐ duānzhuāng yì sī bù-
热爱医学 献身事业 救死扶伤 举止端庄 一丝不

gǒu yánshǒu mìmì zūnzhòng huànzhě yí shìtóngrén zuānyán yèwù
苟 严守秘密 尊重患者 一视同仁 钻研业务

tígāo yīshù zūnshǒu gōngdé fúwù shèhuì
提高医术 遵守公德 服务社会

jīnróng zhíyè dàodé guīfàn
5. 金融职业道德规范

rè'ài jīnróng zhōngyú zhíshǒu yánshǒu xìnyòng qǔxìn yú mín bǐng-
热爱金融 忠于职守 严守信用 取信于民 秉

gōng liánjié zūn jì shǒu fǎ jiéchéng fúwù yōuzhì gāoxiào gùquán dà jú
公廉洁 遵纪守法 竭诚服务 优质高效 顾全大局

tuánjié xiézuò
团结协作

gè tǐ láodòngzhě zhíyè dàodé guīfàn
6. 个体劳动者职业道德规范

àiguó shǒufǎ gōngpíng jiāoyì rè'ài běnzhí yōuzhì fúwù chéngshí
爱国守法 公平交易 热爱本职 优质服务 诚实
shǒu xìn huòzhēn-jiàshí zuānyán yèwù jīngyìqiújīng yīfǎ nàshuì hé-
守信 货真价实 钻研业务 精益求精 依法纳税 合
lǐ shōufèi quányì hélǐ tuánjié hùzhù jìkùn-fúpín gòngtóng zhìfù
理收费 权益合理 团结互助 济困扶贫 共同致富

四、背景知识

Suǒwèi zhíyè dàodé guīfàn shì zhǐ cóngshì mǒu zhǒng zhíyè de rénmen zài zhí-
所谓职业道德规范，是指从事某种职业的人们在职
yè shēnghuó zhōng suǒ yào zūnshǒu de biāozhǔn hé zhǔnzé
业生活中所要遵守的标准和准则。

Shèhuìzhǔyì zhíyè dàodé shì zhǐ shèhuìzhǔyì shèhuì gèháng-gèyè de láodòng-
社会主义职业道德是指社会主义社会各行各业的劳动
zhě zài zhíyè huódòng zhōng bìxū gòngtóng zūnshǒu de jīběn xíngwéi zhǔnzé
者在职业活动中必须共同遵守的基本行为准则。

Yóuyú shèhuìzhǔyì shìyè shì yí gè yǒujī de tǒngyī zhěngtǐ yīncǐ gèháng-
由于社会主义事业是一个有机的统一整体，因此各行
gèyè jùyǒu gòngtóng de zhíyè dàodé guīfàn
各业具有共同的职业道德规范。

Zhōnggòng zhōngyāng guānyú jiāqiáng shèhuìzhǔyì jīngshén wénmíng ruògān
《中共中央关于加强社会主义精神文明若干
wèntí de juéyì guīdìngle wǒmen jīntiān gèháng-gèyè dōu yīng gòngtóng zūnshǒu
问题的决议》规定了我们今天各行各业都应共同遵守
de zhíyè dàodé de wǔ xiàng jīběn guīfàn jí àigǎng jìng yè chéngshí shǒu xìn bàn
的职业道德的五项基本规范，即“爱岗敬业、诚实守信、办
shì gōngdào fúwù qúnzhòng fèngxiàn shèhuì ér wèi rénmín fúwù jiùshì shèhuì-
事公道、服务群众、奉献社会”。而为人民服务就是社会
zhǔyì zhíyè dàodé de héxīn guīfàn tā shì guànchuān yú quán shèhuì gòngtóng de
主义职业道德的核心规范，它是贯穿于全社会共同的
zhíyè guīfàn zhī zhōng de jīběn jīngshén
职业规范之中的基本精神。

ABB式重叠形容词的音变

关于ABB式重叠形容词的音变规律，语言学界争议颇多。大多数辞书、教材等都这样描述："ABB式重叠形容词，一般BB读阴平。"

语言学家徐世荣先生在谈到ABB式重叠形容词的读法时说："除叠字本身为阴平调即不再变外，其余各调的都可把后面两个字变为阴平调……如果念得缓慢些，念清楚它的原调，显得读字清楚，不变也可以。"

（《普通话语音知识》）

项目4 从业要求

一、会话

Líjiāng yóu
漓江 游

Guìlín shānshuǐ jiǎ tiānxià hěn duō rén mùmíng ér lái Lǐ xiǎojiě yě bú lìwài Zhè tiān Lǐ xiǎojiě dàole lǚxíngshè fúwù rényuán duì tā rèqíng jiēdài bìng hé tā qīnqiè de jiāotán qǐlai

桂林山水甲天下，很多人慕名而来，李小姐也不例外。这天李小姐到了旅行社，服务人员对她热情接待，并和她亲切地交谈起来。

Nǐ néng bāng wǒ tuījiàn yì tiáo yǒu jiàzhí de Guìlín lǚyóu xiànlù ma

李小姐："你能帮我推荐一条有价值的桂林旅游线路吗？"

Dāngrán wǒ wèi nín tuījiàn túbù Líjiāng yóu nín kàn zěnyàng

服务人员："当然，我为您推荐'徒步漓江'游，您看怎样？"

Túbù Líjiāng Líjiāng bú shì yào zuò chuán yóulǎn de ma

李小姐："徒步漓江？漓江不是要坐船游览的吗？"

Wǒ xiǎng nín yě tīngshuōguo jiāng zuò qīngluó dài shān rú bì-

服务人员："我想您也听说过，'江作青罗带，山如碧

yùzān Líjiāng dé tiān-dú hòu yántú chùchù fēngjǐng rú huà ràng rén liúlián-
玉簪’，漓江得天独厚，沿途处处风景如画，让人流连
wàngfǎn
忘返。”

Shì de zhè shì Hán Yù de shī wǒ hái zhīdào Chén Yì de shījù
李小姐：“是的，这是韩愈的诗。我还知道陈毅的诗句
yuàn zuò Guìlín rén bù yuàn zuò shénxiān ne
‘愿做桂林人，不愿做神仙’呢！”

Shì a zuì měi bú guò rén zài shānshuǐ jǐng zhōng yóu tú bù yóu
服务人员：“是啊，最美不过人在山水景中游，徒步游
Líjiāng gèng néng ràng nín zhēnzhèng tǐhuì yōngbào shānshuǐ de lèqù
漓江更能让您真正体会拥抱山水的乐趣。”

Kěshì zhèyàng huìbuhuì tài lèi le zhǐ zǒulù yě hěn dāndiào ya
李小姐：“可是这样会不会太累了？只走路也很单调呀！”

Bú huì de Xiànzài hùwài yùndòng hěn shíshàng nín kěyǐ biān
服务人员：“不会的。现在户外运动很时尚，您可以边
yóu biān wán zǒulèile hái kě dāchéng xiǎo chuán yóu yí duàn jiāotìzhe jìnxíng zuì-
游边玩，走累了还可搭乘小船游一段，交替着进行，最
hòu chéng chē fǎnhuí bú huì jué de dāndiào de
后乘车返回，不会觉得单调的。”

Tīng qǐlai shì búcuò jì kěyǐ xīnshǎng měijǐng yòu néng duànliàn
李小姐：“听起来是不错，既可以欣赏美景，又能锻炼
shēntǐ yì jǔ-liǎngdé ya
身体，一举两得呀！”

Rúguǒ nín yuànyì hé péngyou jiébàn tóngxíng hái kěyǐ zài jiāng
服务人员：“如果您愿意和朋友结伴同行，还可以在江
biān dā zhàngpeng xīnshǎng Líjiāng yèjǐng jìnxíng zhúguāng wǎncān ne
边搭帐篷，欣赏漓江夜景，进行烛光晚餐呢！”

Zhēn de Nà kě shì tài měi le wǒ juédìng bàomíng tú bù Lí-
李小姐：“真的？那可是太美了！我决定报名‘徒步漓
jiāng yóu
江’游。”

Hǎo de qǐng dào zhèbiān tiánbiǎo Zhù nín wán de kāixīn
服务人员：“好的，请到这边填表。祝您玩得开心！”

二、语音点

（一）中响复元音韵母

Guìlín shānshuǐ guǐfǔ-shéngōng fǎnhuí huì duì
ui 桂林 山水 鬼斧神工 返回 会 对

（二）前鼻音韵母

tiānxià tuījiàn xiànlù liúlián-wàngfǎn shénxiān duànliàn biān
ian 天下 推荐 线路 流连忘返 神仙 锻炼 边

（三）"一""不"的变调

yì tiáo yí duàn yì jǔ-liǎngdé bú lìwài bú shì bú yuàn búguò
一条 一段 一举两得 不例外 不是 不愿 不过

huìbuhuì bú huì
会不会 不会

三、练习

Bìxū zhuólì tígāo quán mínzú de sīxiǎng dàodé sùzhì hé kēxué wénhuà sùzhì
1. 必须着力提高全民族的思想道德素质和科学文化素质。

Gāo zhìliàng de fúwù gāo zhìliàng de yuángōng
2. 高质量的服务，高质量的员工。

Yīng yǒu jiào gāo de zhèngzhì juéwù hé liánghǎo de zhíyè dàodé
3. 应有较高的政治觉悟和良好的职业道德。

Yīng yǒu jiào hǎo de wénhuà xiūyǎng
4. 应有较好的文化修养。

Yīng zhǎngwò bìyào de fúwù chángshí hé fúwù jìnéng
5. 应掌握必要的服务常识和服务技能。

Yīng yǒu jiào qiáng de shíbié nénglì hé huódòng nénglì
6. 应有较强的识别能力和活动能力。

Yīng yǒu liánghǎo de xīnlǐ sùzhì hé jiànkāng de tǐpò
7. 应有良好的心理素质和健康的体魄。

Guīfàn fúwù chéngshí shǒu xìn wénmíng jīngyíng lǐmào dài kè
8. 规范服务，诚实守信，文明经营，礼貌待客。

Kāichéng-bùgōng tǎnchéng dài rén píngděng zūnzhòng tuánjié xiézuò
9. 开诚布公，坦诚待人，平等尊重，团结协作。

Tíchàng wēixiào dài rén wēixiào fúwù
10. 提倡微笑待人，微笑服务。

Rèqíng jiēdài měi yí wèi láibīn bù yǐmào-qǔrén bú shèngqì-língrén
11. 热情接待每一位来宾，不以貌取人，不盛气凌人。

Bìxū jùbèi qiángliè de xíngxiàng yìshí cóng jīběn zuòqǐ sùzào liánghǎo
12. 必须具备强烈的形象意识，从基本做起，塑造良好
xíngxiàng
形象。

四、背景知识

Zhāoyòng jìshù gōngzhǒng cóngyè rényuán guīdìng dì sì tiáo xiědào jì-
《招用技术工种从业人员规定》第4条写道：技
gōng xuéxiào zhíyè jìshù xuéxiào jiùyè xùnliàn zhōngxīn jí gè lèi zhíyè péi-
工学校、职业（技术）学校、就业训练中心及各类职业培
xùn jīgòu de bì jié yèshēng bìxū qǔdé xiāngyìng zhíyè zīgé zhèngshū hòu cái-
训机构的毕(结)业生，必须取得相应职业资格证书后，才
néng dào jìshù gōngzhǒng gǎngwèi jiùyè
能到技术工种岗位就业。

Měi yí gè yuángōng dōu shì qǐyè xíngxiàng de dàiyánrén yīncǐ xiàndài qǐ-
每一个员工都是企业形象的代言人，因此，现代企
yè yuángōng de yíbiǎo yíróng tántǔ jǔzhǐ xíngwéi bù zài jǐnjǐn shì qí gè-
业员工的仪表、仪容、谈吐、举止、行为，不再仅仅是其个
rén wénhuà sùzhì de zhíguān fǎnyìng érqiě shì qǐyè xíngxiàng de zàixiàn
人文化素质的直观反映，而且是企业形象的再现。

yuángōng rìcháng huódòng xíngwéi guīfàn yāoqiú yuángōng shàngbān shíjiān
员工日常活动行为规范要求：员工上班时间
yào shǐzhōng yǐ bǎomǎn de rèqíng jìnzhí-jìnzé zhēnchéng xiézuò gāoxiào kuài-
要始终以饱满的热情，尽职尽责，真诚协作，高效、快
jié de xiàng gùkè tígōng zuì jiā fúwù Yuángōng yīng jùbèi yōuliáng de dàodé pǐn-
捷地向顾客提供最佳服务。员工应具备优良的道德品
zhì zài jìnxíng qǐyè chǎnpǐn de xuānchuán shí yào shíshì-qiúshì bùdé kuādà-qí
质，在进行企业产品的宣传时，要实事求是，不得夸大其
cí yǐmiǎn chǎnshēng fùmiàn yǐngxiǎng
词，以免产生负面影响。

“不”的变调和“一”的变调变化规则是一样的：在单念、词句末尾读原调；在非去声前读去声；在去声前变阳平；在词语中间变轻声。

项目5 人才招聘

一、会话

kāixīn zìzhùyóu
开心 自助 游

Xiǎo Wáng qiánlái lǚxíngshè yìngpìn jīnglǐ gěi tā chūle yí dào tímù
小 王 前来旅行社 应聘，经理给他出了一道 题目。

Xiànzài lǚyóu zhōng jiā diǎn jìn diàn de xiànxiàng jiào duō ràng rén-
经理：“现在旅游 中 加点、进 店 的 现 象 较 多，让 人
men duì tuánduìyóu xīnyǒu yú jì Nǐ kàn gāi rúhé xiàng lǚyóu zīxúnzhě tuījiàn lǚ-
们 对 团队游 心有 余悸。你 看 该 如何 向 旅游 咨询者 推荐 旅
yóu chǎnpǐn ne
游 产 品 呢？”

Méi guānxi jīnglǐ Wǒ xiǎng lǚxíngshè hé hézuòfāng nénggòu tí-
小王：“没 关系，经理。我 想 旅行社 和 合作 方 能够 提
gōng biànjié yōuhuì de jīpiào fúwù hé zhùsù fúwù zǒngshì nénggòu xīyǐn lǚyóu-
供 便捷、优惠 的 机票 服务 和 住宿 服务，总 是 能 够 吸引 旅游
zhě de Wǒ huì duì lǚyóu zīxúnzhě zhèyàng shuō rúguǒ duì tuánduì lǚyóu yǒu
者 的。我 会 对 旅游 咨询 者 这 样 说——如果 对 团 队 旅游 有
gùlǜ nín kěyǐ xuǎnzé zìzhùyóu chǎnpǐn
顾虑，您 可以 选 择 自助 游 产 品。”

Zìzhùyóu Zěnme gè yóu fǎ ya
经理（充当咨询者）：“自助 游？怎 么 个 游 法 呀？”

Jiùshì wǒmen lǚxíngshè zhǐ wèi nín tígōng jīpiào hé jiǔdiàn fúwù
小王：“就是 我 们 旅行 社 只 为 您 提供 机票 和 酒店 服务，
zhèyàng jì néng mǎnzú nín qù lǚyóu de xīnyuàn yòu néng ràng nín xiǎngshòu zuì
这 样，既 能 满足 您 去 旅游 的 心 愿，又 能 让 您 享 受 最
zìyóu- zìzài de xiūxián dùjià
自由 自在 的 休 闲 度假。”

Fèiyòng duōbuduō Jīngjì shíhuì ma
经理(充当咨询者):“费用 多不多? 经济 实惠 吗?”

Dāngrán le Shàng yì zhōu wǒmen de kèren Zhāng xiānsheng yì jiā
小王:“当然了。上 一 周 我们 的客人 张 先 生 一家

sān kǒu cānjiāle yí tàng běijīng shuāngfēi zhù wǔxīngjí jiǔdiàn de wǔrìyóu bǐ yuán-
三 口 参加了一 趟 北京 双 飞、住 五星级 酒店 的 五日游,比 原

lái de yùsuàn jiéshěngle sānqiān duō yuán
来的 预算 节省了 3000 多 元。”

Nà kěshì hǎoshì Búguò bù zhīdào Zhāng xiānsheng
经理(充当咨询者):“那 可是 好事!不过,不 知道 张 先 生

yì jiā gǎnjué zěnmeyàng
一家 感觉 怎么 样?”

Wǒ lái gàosu nín Zhāng xiānsheng qiántiān huílái tèyì gěi wǒ dǎle
小王:“我 来 告诉 您, 张 先 生 前天 回来 特意 给 我 打了

diànhuà shuō yì jiā rén wánde hěn kāixīn bǐ tuánduì lǚyóu gǎnjué hǎo duō le hái
电话,说 一家 人 玩得 很 开心,比 团 队 旅游 感觉 好 多 了,还

shuō fēicháng gǎnxiè wǒmen lǚxíngshè tuījiàn de zhège běijīng zìzhùyóu chǎn-
说 非 常 感谢 我们 旅行 社 推 荐 的 这个 北 京 自助 游 产

pǐn ne
品 呢!”

ā búcuò Wǒ juédìng lùyòng nǐ le míngtiān jiù lái bàodào ba
经理:“啊,不错!我 决 定 录用 你 了,明 天 就 来 报 到 吧。”

Gǎnxiè jīnglǐ de shǎngshí wǒ yídìng huì nǔlì gōngzuò de
小王:“感谢 经理 的 赏 识,我 一定 会 努力 工 作 的。”

二、语音点

(一)舌面音声母

Xiǎo Wáng xiànzài xiàng xún xiǎng xīyǐn xuǎnzé lǚxíngshè
x 小 王 现在 向 询 想 吸引 选 择 旅行 社

xīnyuàn xiǎngshòu xiūxián xiānsheng gǎnxiè
心 愿 享 受 休 闲 先 生 感谢

(二)卷舌元音韵母

èr ér ěr ér ěrduo ěr ěr ěr
er 二 而 尔 儿 耳朵 迩 洱 饵

(三)后响复元音韵母

dùjià yì jiā cānjiā
ia 度假 一 家 参加

(四)“啊”的音变

Dào nǎ qù ya
1. 到 哪 去 啊(呀)?

Nǐ zhēn xìngfú wa
2. 你 真 幸福 啊(哇)!

Tā shì hǎorén na
3. 她 是 好 人 啊(哪)!

Zhè kě bùxíng
4. 这 可 不行 啊(nga)!

Wǒ zài xiě zì
5. 我 在 写字 啊(ia)!

Tā méi shì
6. 他 没 事 啊(ra)!

三、练习

gōnggòng fúwù wénmíng yòngyǔ
1. 公 共 服务 文 明 用 语:

jīběn yòngyǔ nín hǎo qǐng duìbuqǐ xièxie zàijiàn
基本 用 语:您 好 、请 、对不起、谢谢、再见。

chēnghu yòngyǔ nǚshì xiānsheng xiǎojiě tóngzhì
称 呼 用 语:女士、先 生 、小姐、同 志。

qiànyì yòngyǔ duìbuqǐ qǐngyuánliàng dǎrǎo nín le ràng nín jiǔ děng le
歉意 用 语:对不起、请 原 谅 、打扰 您 了、让 您 久 等 了。

dàoxiè yòngyǔ xièxie fēicháng gǎnxiè gǎnxiè nín nǐmen tíchū bǎoguì yì-jiàn jiànyì
道谢 用 语:谢谢、非 常 感谢、感谢 您(你们)提出 宝贵 意见 (建议)。

yuángōng xíngxiàng yìshí bìxū jùbèi qiángliè de xíngxiàng yìshí cóng jī-běn zuòqǐ sùzào liánghǎo xíngxiàng
2. 员 工 形 象 意识:必须 具备 强 烈 的 形 象 意识,从 基本 做起,塑造 良 好 形 象 。

yuángōng yíróng yíbiǎo chuānzhuó jí xiūshì yīng wěnzhòng dàfang zhěng-qí qīngshuǎng gānjìng lì luo
3. 员 工 仪容 仪表: 穿 着 及 修饰 应 稳 重 大方 、整 齐 清 爽 、干 净 利落。

shèjiāo lǐ yí jiāotán qǐng jiǎng pǔtōnghuà yào shànyú qīngtīng chéng-
4. 社 交 礼仪:交 谈 请 讲 普 通 话;要 善 于 倾 听, 诚

kěn rèqíng bùbēi-búkàng
恳、热情、不卑不亢。

xíngwéi jǔ zhǐ
5. 行为举止：

Shàngbān shíjiān jìnzhǐ xī yān bǎochí liánghǎo jīngshén zhuàngtài jīnglì
① 上班时间禁止吸烟，保持良好精神状态，精力
chōngpèi jīngshén bǎomǎn lèguān jìnqǔ
充沛，精神饱满，乐观进取。

Duìdài shàngsi yào zūnzhòng duìdài tóngshì yào rèqíng chǔlǐ gōngzuò
② 对待上司要尊重，对待同事要热情，处理工作
bǎochí tóunǎo lěngjìng
保持头脑冷静。

Kāichéng-bùgōng tǎnchéng dài rén píngděng zūnzhòng tuánjié xiézuò
③ 开诚布公，坦诚待人，平等尊重，团结协作。

Rèqíng jiēdài měi yí wèi láibīn bù yǐmào-qǔrén bú shèngqì-língrén
④ 热情接待每一位来宾，不以貌取人，不盛气凌人。

Bǎochí liánghǎo zuòzī xíngzī qiè wù gāoshēng hūjiào tārén
⑤ 保持良好坐姿、行姿，切勿高声呼叫他人。

Chūrù huìyìshì huò shàngsi bàngōngshì zhǔdòng qiāo mén shìyì jìnrù fáng-
⑥ 出入会议室或上司办公室，主动敲门示意，进入房
jiān suíshǒu guān mén
间随手关门。

四、背景知识

Zhīshi nénglì yè jì shì gòuchéng réncái de sān yàosù
知识、能力、业绩，是构成人才的三要素。

Yí gè rén yīng chéngwéi shénmeyàng de réncái yīng kǎolǜ dào shídài xūyào
一个人应成为什么样的人才，应考虑到时代需要
hé guójì fāzhǎn qūshì yīng jiānchí jí tǐ zhǔyì jiàzhíguān de dǎoxiàng zuòyòng
和国际发展趋势，应坚持集体主义价值观的导向作用，
hái yīng kǎolǜ dào guójiā hé shèhuì de xūyào cóng zìshēn shíjì chūfā wúlùn
还应考虑到国家和社会的需要，从自身实际出发，无论
cóngshì shénme zhíyè dōu yīnggāi nǔ lì bǎ zì jǐ péiyǎng chéngwéi yí gè yǒu jīng-
从事什么职业，都应该努力把自己培养成为一个有经
yàn de rén yí gè yǒu qiánzhì de rén yí gè zhōngchéng de rén yí gè jìngyè de
验的人，一个有潜质的人，一个忠诚的人，一个敬业的
rén yí gè duì shèhuì yǒuyòng de rén Wǒ guó xiàn yǒu réncái zhōng jìnéng réncái
人，一个对社会有用的人。我国现有人才中，技能人才

yánzhòng quēfá Quánguó gāojí jìgōng rénshù zhǐ zhàn jìgōng zǒngshù de
严重缺乏。全国高级技工人数只占技工总数的3.5%，
yǔ fādá guójiā zhàn de bǐ lì xiāngchà shèn yuǎn
与发达国家占40%的比例相差甚远。

Tóngshí yōuxiù de gāojí jìgōng shì qǐyè xīquē de réncái tāmen de shōurù
同时，优秀的高级技工是企业稀缺的人才，他们的收入
shuǐpíng pǔbiàn chūxiàn kànzhǎng de qūshì Gōngzuò zài shēngchǎn yī xiàn de
水平普遍出现“看涨”的趋势。工作在生产一线的
jì shù gōngrén yě néng zhèngdào gāoxīn Běijīng mǒu gōngsī zài jìnqī de gōngzī
技术工人也能挣到高薪。北京某公司在近期的工资
gǎigé zhōng gěi gāo jí qiángōng kāichū yuèxīn wǔqiān yuán yǐshàng niánxīn chāo-
改革中给高级钳工开出月薪5000元以上、年薪超
guò liù wàn yuán de gāojià běijīng gāojí lánlǐng xiàng báilǐng kànqí Zhèng
过6万元的高价，北京高级“蓝领”向“白领”看齐。挣
de zuì duō de jìgōng shōurù shuǐpíng yǐjīng chāoguòle gōngsī lǎozǒng
得最多的技工收入水平已经超过了公司老总。

“啊”的音变：

语气词“啊”出现在句末或句中时，其音变规律如下：前面的音素是 a、o（不包括 ao、iao）、e、i、ü、ê 时，“啊”读作 ya，同“呀”；前面的音素是 u（包括 ao、iao）时，“啊”读作 wa，同“哇”；前面的音素是 n 时，“啊”读作 na，同“哪”；前面的音素是 ng 时，“啊”读作 nga；前面的音素是 i（舌尖后元音）和 er 及儿化韵时，“啊”读作 ra；前面的音素是 i（舌尖前元音）时，“啊”读作 ia。

单元2 旅游服务篇

导 读

本篇谈食、住、行、游、购、娱六大旅游环节中的从业要求,学习中要充分认识职业道德的重要性。

语音点重点训练:舌尖中音声母 d t n l、零声母、平舌声母 z c s、舌面音声母 j q x 、儿化音,并对前鼻音韵母 an un、唇齿音声母 f、后鼻音韵母 ang iong 等语音点进行训练。

项目6 在购物

一、会话

mǎi qípáo
买 旗袍

Yí duì wàiguó fūfù láidào fúzhuāngdiàn dǎsuàn gòumǎi yí jiàn zhōngguó qípáo
一对外国夫妇来到服装店,打算购买一件中国旗袍。

Huānyíng guānglín qǐngwèn nín xūyào bāngmáng ma
店员:"欢迎光临!请问您需要帮忙吗?"

Wǒ xiǎng mǎi yí jiàn piàoliang de qípáo
女士:"我想买一件漂亮的旗袍。"

Nín kě shì lái duì le wǒmen diàn li yǒu gèzhǒng kuǎnshì de qípáo Nín xūyào wǒ bāng nín tiāoxuǎn ma
店员:"您可是来对了,我们店里有各种款式的旗袍。您需要我帮您挑选吗?"

Dāngrán dāngrán
女士："当然，当然。"

Wǒ duō ná jǐ jiàn gěi nín guòmù ràng nín xiānsheng yě bāngmáng kànyikàn
店员："我多拿几件给您过目，让您先生也帮忙看一看。"

Hǎo de
女士："好的。"

Qǐng nín dào shìyījiān shìchuān yíxià Zhèbiān qǐng
店员："请您到试衣间试穿一下。这边请！"

Nǚshì chuānzhe qípáo kuǎnkuǎn zǒuchū qípáo bú dà bù xiǎo bù cháng bù duǎn zhèng héshì
女士穿着旗袍款款走出，旗袍不大不小、不长不短正合适。

Wǒ de shàngdì nǐ tài měi le Qīn'ài de
先生："我的上帝，你太美了！亲爱的。"

Wǒ jiù mǎi zhè yíjiàn Qǐng bāng wǒ zhuānghǎo
女士："我就买这一件。请帮我装好。"

Fūren zhè shì nín xuǎngòu de shāngpǐn qǐng náhǎo
店员："夫人，这是您选购的商品，请拿好。"

Xièxie Nǐ de fúwù wǒ hěn mǎnyì
女士："谢谢。你的服务我很满意。"

Xièxie Huānyíng liǎng wèi zàicì guānglín
店员："谢谢。欢迎两位再次光临！"

二、语音点

(一)鼻音声母

nǚshì nà jiàn duō ná gěi nín nǐ
n 女士 那件 多拿 给您 你

(二)翘舌音声母

fúzhuāng gèzhǒng zhèbiān zhèng zhuānghǎo
zh 服装 各种 这边 正 装好

kěshì shìyī héshì shàngdì shāngpǐn
sh 可是 试衣 合适 上帝 商品

(三)前鼻音韵母

yí jiàn diànyuán huānyíng kuǎnshì tiāoxuǎn jiān mǎnyì
an 一件 店员 欢迎 款式 挑选 间 满意

(四)后鼻音韵母

guānglín bāngmáng xiǎng mǎi dāngrán ràng nín
ang 光临 帮忙 想买 当然 让您

(五)轻声词

dǎsuàn piàoliang wǒmen xiānsheng chuānzhe xièxie nǐ de
打算 漂亮 我们 先生 穿着 谢谢 你的

三、练习

màoyì fúwù wénmíng yòngyǔ
贸易服务文明用语

Nín hǎo huānyíng guānglín
1. 您好,欢迎光临。

Nín xūyào shénme wǒ kěyǐ ná gěi nín kàn
2. 您需要什么?我可以拿给您看。

Zhè shì nín yào de shāngpǐn qǐng jiǎnchá yíxià
3. 这是您要的商品,请检查一下。

Xūyào wǒ bāng nín tiāoxuǎn ma
4. 需要我帮您挑选吗?

Qǐng náhǎo píngzhèng dào shōuyíntái fù kuǎn
5. 请拿好凭证,到收银台付款。

Xìnyòngkǎ zhīpiào jiésuàn qǐng nín chūshì shēnfènzhèng
6. 信用卡、支票结算,请您出示身份证。

Qǐng shāo hòu wǒ bāng nín bāozhuāng yíxià
7. 请稍候,我帮您包装一下。

Shǐyòng qián qǐng nín zǐ xì yuèdú shuōmíngshū
8. 使用前,请您仔细阅读说明书。

Qǐng yuánliàng ràng nín jiǔ děng le xièxie
9. 请原谅,让您久等了,谢谢。

Tóngzhì tóusù qǐng dào tóusù bàngōngshì
10. 同志,投诉请到投诉办公室。

Tóngzhì yǒu huà mànmàn shuō nín de yāoqiú wǒmen jǐnliàng mǎnzú
11. 同志,有话慢慢说,您的要求我们尽量满足。

Zhè shì wǒmen de fúwù liánxì kǎ yǒu shénme kùnnan kěyǐ hé wǒmen
12. 这是我们的服务联系卡,有什么困难可以和我们

liánxì
联系。

Duìbuqǐ nín yào de shāngpǐn zài lóu guì
13. 对不起，您要的商品在×楼××柜。

Zhēn duìbuqǐ zhè zhǒng kuǎnshì zànshí quē huò wǒmen yǒu zuì xīn lái de shāngpǐn qǐng nín xuǎn gòu
14. 真对不起，这种款式暂时缺货，我们有最新来的商品，请您选购。

Qǐng duì wǒmen de fúwù duō tí bǎoguì yìjiàn
15. 请对我们的服务多提宝贵意见。

Qǐng shāo děng zhège wèntí wǒ qǐngshì yí xià lǐngdǎo
16. 请稍等，这个问题我请示一下领导。

Duìbuqǐ zhè shì wǒmen de shūhu qǐng yuánliàng
17. 对不起，这是我们的疏忽，请原谅。

Wǒ shì jièshào shēnfèn nín yǒu shénme yìjiàn qǐng duì wǒ jiǎng hǎo ma
18. 我是××（介绍身份），您有什么意见请对我讲，好吗？

Nín de shāngpǐn yǐ chāoguò sānbāo qīxiàn bú yàojǐn wǒ kěyǐ gěi nín liánxì wéixiū
19. 您的商品已超过"三包"期限，不要紧，我可以给您联系维修。

Zhè shì nín xuǎn gòu de shāngpǐn qǐng ná hǎo Huānyíng nín zàicì guānglín
20. 这是您选购的商品，请拿好。欢迎您再次光临！

四、背景知识

Lǚyóu guòchéng zhōng yīng rúhé gòu wù
旅游过程中应如何购物？

Dì-yī guǎng shōu xìnxī zhījǐ-zhībǐ Jìrán chūyóu jiù jí yǒu kěnéng gòuwù yóukè bùfáng tōngguò gè gè qúdào shōují lǚyóu mùdìdì de lǚyóu shāngpǐn xìnxī
第一，广收信息，知己知彼。既然出游就极有可能购物，游客不妨通过各个渠道收集旅游目的地的旅游商品信息。

Dì-èr duō guānggù dà diàn shèn mǎi guìzhòng wùpǐn Dà de gòuwù shāngdiàn lǚyóu jìniànpǐn shāngdiàn xìnyù jiào hǎo jiào shǎo fāshēng qīzhà gùkè xiàn-
第二，多光顾大店，慎买贵重物品。大的购物商店、旅游纪念品商店信誉较好，较少发生欺诈顾客现

xiàng érqiě yìbān yǒu zhìliàng bǎozhèngshū zhīlèi shòuhòu fúwù yě jiào hǎo
象，而且一般有质量保证书之类，售后服务也较好。

Dì-sān suǒyào gòu wù píngzhèng xúnqiú héfǎ bǎohù Gòu wù shí yídìng
第三，索要购物凭证，寻求合法保护。购物时一定
yào xiǎnghǎo wènqīng kàndǒng xuǎnhǎo suǒ gòu shāngpǐn bìng yāoqiú kāijù
要想好、问清、看懂、选好所购商品，并要求开具
zhèngshì fāpiào
正式发票。

> 轻声是一种特殊的变调现象。由于它长期处于口语轻读音节的地位，失去了原有声调的调值，又重新构成自身特有的音高形式，听感上显得轻短模糊。普通话的轻声都是从阴平、阳平、上声、去声四个声调变化而来，例如“哥哥”“婆婆”“姐姐”“弟弟”。说它“特殊”，是因为这种变调总是根据前一个音节声调的调值决定后一个轻声音节的调值，而不论后一个音节原调调值的具体形式。
>
> 轻声作为一种变调的语音现象，一定体现在词语和句子中，因此轻声音节的读音不能独立存在。——《普通话水平测试大纲》

项目7 餐厅服务

一、会话

diǎn cài
点菜

Huānyíng guānglín Qǐngwèn shì liǎng wèi ma
服务员：“欢迎光临！请问是两位吗？”

Duì jiù liǎng wèi
李先生：“对，就两位。”

Nà qǐng liǎng wèi dào lǐmiàn bāoxiāng jiùzuò
服务员：“那请两位到里面包厢就座。”

Bùyòngle wǒmen yíhuìr háiyǒu shì suíbiàn chī yìdiǎnr jiù zǒu
李先生：“不用了，我们一会儿还有事，随便吃一点儿就走。”

Hǎo de wǒmen zhèr yǒu shāngwù tàocān zhè shì càidān nǐmen
服务员:"好的,我们这儿有商务套餐,这是菜单,你们
xiǎng chī shénme ne
想吃什么呢?"

Gěi wǒmen lái yí fèn qiézhī niúròu tàocān hé yí fèn hǎinán jī fàn
李太太:"给我们来一份茄汁牛肉套餐和一份海南鸡饭
tàocān ba zài jiā liǎng bēi xiānzhà xīguāzhī
套餐吧,再加两杯鲜榨西瓜汁。"

Hǎo de liǎng wèi diǎn de shì qiézhī niúròu tàocān hé hǎinán jī fàn
服务员:"好的,两位点的是茄汁牛肉套餐和海南鸡饭
tàocān gè yí fèn qǐng shāo děng
套餐,各一份,请稍等。"

Fúwùyuán duānlái kèrén suǒ diǎn shípǐn
(服务员端来客人所点食品。)

Tàocān yǐjīng shàngqí le qǐng liǎng wèi màn yòng háiyǒu shén-
服务员:"套餐已经上齐了,请两位慢用,还有什
me xūyào qǐng suíshí jiào wǒ wǒ jiāng wèi nín tígōng fúwù
么需要请随时叫我,我将为您提供服务。"

Hǎo de xièxie Jīnwǎn wǒmen xiǎng pǐncháng yí dùn yǒu běndì
李太太:"好的,谢谢。今晚我们想品尝一顿有本地
tèsè fēngwèi de càiyáo nǐ néngfǒu xiān gěi wǒmen tuījiàn jǐ jiā tèsè fànguǎnr
特色风味的菜肴,你能否先给我们推荐几家特色饭馆儿
huòzhě yìxiē tèsècài
或者一些特色菜?"

ò súhuà shuō shí zài guǎngzhōu guǎngzhōu shì měishí tiān-
服务员:"哦,俗话说'食在广州',广州是美食天
táng quánguó gèzhǒng dìfāng fēngwèi de fàncài zài guǎngzhōu dōu néng pǐncháng
堂,全国各种地方风味的饭菜在广州都能品尝
dào bùguò zhèngrú nín suǒ shuō háishi xiān chángchang jùyǒu guǎngdōng běn-
到,不过,正如您所说,还是先尝尝具有广东本
dì fēngwèi de càiyáo
地风味的菜肴。"

Nǐ néng shuō jǐ gè tèsècài gěi wǒmen tīngting ma
李先生:"你能说几个特色菜给我们听听吗?"

Dōngjiāng yánjú jī Shùndé xiǎochǎohuáng cuìpí rǔzhū Dǐnghú
服务员:"东江盐焗鸡,顺德小炒皇,脆皮乳猪,鼎湖
shàngsù děng
上素等。"

ā nàme duō de měiwèi jiāyáo nà jīntiān wǎnshang wǒmen yí-
李太太:"啊，那么多的美味佳肴，那今天晚上我们一
dìng yào hǎohāor pǐncháng pǐncháng
定要好好儿品尝品尝!"
Zhù nǐmen wèikǒu hǎo
服务员:"祝你们胃口好!"

二、语音点

(一)平舌音声母

zài zuò zuò zǒu zāo zá zuì
z 在 坐 做 走 糟 杂 醉
zuòwéi zūnshǒu zìjué zōngzhǐ yuánzé zàojiù gōngzuò
作为 遵守 自觉 宗旨 原则 造就 工作
mǎnzú
满足

cān cù cōng cuì cǎo
c 餐 醋 葱 脆 草
cùjìn réncái diǎn cài cānyǐn cǎiyún
促进 人才 点菜 餐饮 彩云

suí suǒ sōng sì sǔn
s 随 所 松 寺 笋
lǜsè sīxiǎng zásui sān gè sùzhì xísú
绿色 思想 杂碎 三个 素质 习俗

(二)儿化词

fànguǎnr yíhuìr huǒguōr yìdiǎnr zhèr
饭馆儿 一会儿 火锅儿 一点儿 这儿
miàntiáor xiǎocōngr jì shìr yáqiānr dànqīngr
面条儿 小葱儿 记事儿 牙签儿 蛋清儿

三、练习

shāndōngcài tángcù lǐyú qīngzhēng jiājíyú cōngbào hǎishēn jiǔzhuǎn
1. 山东菜：糖醋鲤鱼 清蒸加吉鱼 葱爆海参 九转
dàcháng
大肠

sìchuāncài yúxiāng ròusī shuǐzhǔ ròupiàn gānbiān niúròusī
2. 四川菜：鱼香肉丝 水煮肉片 干煸牛肉丝

gōngbǎo jīdīng mápó dòufu
宫保鸡丁 麻婆豆腐

jiāngsūcài sōngshǔ guìyú qīngdùn shīzitóu jiàohuājī sāntàoyā
3. 江苏菜：松鼠鳜鱼 清炖狮子头 叫花鸡 三套鸭

guǎngdōngcài cuìpí rǔzhū dōngjiāng yánjú jī dǐnghú shàngsù sānshé
4. 广东菜：脆皮乳猪 东江盐焗鸡 鼎湖上素 三蛇

lónghǔhuì
龙虎会

zhèjiāngcài xīhú cùyú lóngjǐng xiārén dōngpōròu mìzhī huǒfāng
5. 浙江菜：西湖醋鱼 龙井虾仁 东坡肉 蜜汁火方

qīngtāng yuèjī
清汤越鸡

fújiàncài dànzāo xiānzhúchēng chǎo Xīshī shé jī sī yànwō shāchá
6. 福建菜：淡糟鲜竹蛏 炒西施舌 鸡丝燕窝 沙茶

mèn yākuài fótiàoqiáng
焖鸭块 佛跳墙

húnáncài shēngliū yúpiàn dòngtíng féiyúdǔ jíshǒu suānròu málà zǐ-
7. 湖南菜：生熘鱼片 洞庭肥鱼肚 吉首酸肉 麻辣仔

jī làwèi hézhēng
鸡 腊味合蒸

ānhuīcài hóngshāo huáshuǐ fú lí jí shāojī huángshān shāojī Lǐhóng-
8. 安徽菜：红烧划水 符离集烧鸡 黄山烧鸡 李鸿

zhāng zásui
章杂碎

běijīngcài háma bàoyú huángmèn yúchì shuàn yángròu shāguō yáng-
9. 北京菜：蛤蟆鲍鱼 黄焖鱼翅 涮羊肉 沙锅羊

tóu běijīng kǎoyā
头 北京烤鸭

shànghǎicài sōngrén yùmǐ xiàba huáshuǐ cùliū sùhuángyú
10. 上海菜：松仁玉米 下巴划水 醋熘素黄鱼

xīběicài nǎitāng guōziyú chóngcǎo xuějī xiùqiú xuělián
11. 西北菜：奶汤锅子鱼 虫草雪鸡 绣球雪莲

dōngběicài hóngméi yúdǔ xiānbèi yuánbào rénshēn dùn wūjī báipá
12. 东北菜：红梅鱼肚 鲜贝原鲍 人参炖乌鸡 白扒

lùjīn
鹿筋

四、背景知识

Wèi bīnkè diǎn cài shì fúwùyuán de yí xiàng zhòngyào fúwù gōngzuò tā bāo-
为宾客点菜是服务员的一项重要服务工作，它包
hánzhe línghuó qiǎomiào de yǔyán jìqiǎo tuīxiāo jìqiǎo hé fēngfù de yèwù zhīshi
含着灵活巧妙的语言技巧、推销技巧和丰富的业务知识
yǔ jìnéng shì fúwùyuán shuǐpíng de fǎnyìng bìngqiě hái zhíjiē yǐngxiǎng dào cān-
与技能，是服务员水平的反映，并且还直接影响到餐
tīng jīngyíng shōurù lìrùn jí kèrén duì cāntīng de píngjià
厅经营收入、利润及客人对餐厅的评价。

yìbān àn lěngcài tèsècài tāng rècài bāolèi sùcài zhǔshí de shàng
(一)一般按冷菜、特色菜、汤、热菜、煲类、素菜、主食的上
cài shùnxù lái quèdìng cài de pǐnzhǒng lèixíng
菜顺序来确定菜的品种、类型。

Zài diǎn cài de guòchéng zhōng xū zhùyì yǐxià jǐ fāngmiàn de dāpèi
(二)在点菜的过程中需注意以下几方面的搭配:
lěng-rè cài de dāpèi pēngtiáo fāngfǎ de dāpèi yánsè de dāpèi xíngzhuàng de dā-
冷热菜的搭配，烹调方法的搭配，颜色的搭配，形状的搭
pèi hūn yǔ sù de dāpèi
配，荤与素的搭配。

àn jiùcān rénshù quèdìng diǎn cài de fènliàng zhùyì zūnzhòng bīnkè de
(三)按就餐人数确定点菜的分量，注意尊重宾客的
yìjiàn háiyào ànzhào shíjì qíngkuàng dìng càiliàng
意见，还要按照实际情况定菜量。

Gēnjù gùkè de shēnghuó xíguàn hé xūyào lái jièshào cài de kǒuwèi
(四)根据顾客的生活习惯和需要来介绍菜的口味。

"儿化"是普通话的一个音变现象，读的时候处于词尾的"儿"只保留卷舌的动作，与前一个音节融合成一个音节。普通话卷舌韵母er有两个作用：一个是独立成音节，表示某个字的字音，如"耳、而、二、儿、尔"等；二是附着于其他韵母，使之成为带卷舌色彩的儿化韵，这种现象叫儿化。用汉语拼音字母拼写这些儿化音，只需在原来的音节之后加上r(表示卷舌作用)就可以了。

项目8 客房服务

一、会话

yí fèn jì chūqù de zhēnqíng
一份寄出去的真情

Xiǎo Luò gāng huídào lóucéng tóngshì jiù gàosu tā yǒu wèi Zhāng xiān-
小骆刚回到楼层，同事就告诉她：“有位张先
sheng qǐng nǐ dào yīyī-yīsān fáng qù zhǎo tā
生请你到 1113 房去找他。”

Xiǎo Luò qiāokāi le yīyī-yīsān fáng de mén Kāimén de shì yí wèi sìshí duō suì
小骆敲开了 1113 房的门。开门的是一位 40 多岁
de nánzǐ
的男子。

Qǐngwèn shì nín zhǎo wǒ ma
小骆：“请问，是您找我吗？”

Nǐ shì Luò xiǎojiě ba XièXie nǐ bāng wǒ bǎ kùzi jìdào běijīng nǐ de
客人：“你是骆小姐吧？谢谢你帮我把裤子寄到北京，你的
fúwù zhēnde hěn zhōudào Zhè cì wǒ běn xiǎng zhù nǐ guǎn de lóucéng kěxī
服务真的很周到。这次，我本想住你管的楼层，可惜
méi fángjiān le
没房间了。”

Zhè shí Xiǎo Luò cái xiǎngqǐ liǎng gè yuè qián xǐyīfáng sònghuí jiǔlíngsān kè-
这时小骆才想起，两个月前，洗衣房送回 903 客
rén sòngxǐ de kùzi shí fángzhǔ Zhāng xiānsheng yì zǎo yǐjīng tuì fáng le Xiǎo
人送洗的裤子时，房主张先生一早已经退房了。小
Luò zhīdào tā hěn zhēn'ài zhè tiáo kùzi yīnwèi zài sòngxǐ zhīqián tā tèyì jiāo-
骆知道他很珍爱这条裤子，因为在送洗之前他特意交
dàiguo
代过。

Xiǎo Luò juédìng ànzhào zhùsùdān shang de dìzhǐ jiāng kùzi jìgěi Zhāng
小骆决定按照住宿单上的地址，将裤子寄给张
xiānsheng hái fùjiā le yì zhāng kǎpiàn zhù tā héjiā xìngfú gōngzuò shùnlì
先生，还附加了一张卡片，祝他阖家幸福，工作顺利。

Zhāng xiānsheng jiēzhe shuō nà tiān wǒ yīn yǒu jíshì zǒude hěn cōng-
张先生接着说:“那天我因有急事,走得很匆
máng huíjiā hòu cái fāxiàn kùzi méi qǔ zhèng xīnténg bùyǐ nǐ què bǎ kùzi gěi
忙,回家后才发现裤子没取,正心疼不已,你却把裤子给
wǒ jì huílái le Zhè cì wǒ chèn chūchāi shùndào lái xièxie nǐ Zhè shì wǔshí
我寄回来了。这次我趁出差顺道来谢谢你。这是五十
yuán qǐng nǐ yídìng shōuxià jiù suàn zuòwéi yóufèi de bǔcháng ba
元,请你一定收下,就算作为邮费的补偿吧。”
Xiǎo Luò bùhǎo yì si de duì Zhāng xiānsheng shuō nín tài kèqi le qián wǒ
小骆不好意思地对张先生说:“您太客气了,钱我
bùnéng shōu zhè shì wǒ yīnggāi zuò de Huānyíng nín zàicì guānglín
不能收,这是我应该做的。欢迎您再次光临!”

二、语音点

(一)唇齿音声母

fúwù fángjiān fángzhǔ fùjiā fāxiàn
f 服务 房间 房主 附加 发现

(二)舌尖中音声母

de duō dōu dān duì dàizǒu dìzhǐ zhōudào zǒu de
d 的 多 都 单 对 带走 地址 周到 走得

tā tā tài tiáo tiān tóngshì tuìfáng tèyì xīnténg
t 她 他 太 条 天 同事 退房 特意 心疼

(三)舌面音声母

jìdào jiùsuàn jiāng jiǔ lóu yǐjīng jíshì juédìng jiēzhe jīngxǐ
j 寄到 就算 将 九楼 已经 急事 决定 接着 惊喜

qǐngwèn qiāokāi qǐng nǐ qù qián què qián
q 请问 敲开 请你 去 前 却 钱

Xiǎo Luò xiǎngqǐ xǐ yīfáng xìngfú
x 小骆 想起 洗衣房 幸福

(四)零声母

yóufèi yīnggāi yuán yuè huānyíng bùyǐ yuán
y 邮费 应该 员 月 欢迎 不已 元

yīnwèi wàngjì yǒu wèi wǒ yìwài wǔshí wùbì
w 因为 忘记 有位 我 意外 五十 务必

三、练习

lǚyóu fúwù wénmíng yòngyǔ
旅游 服务 文 明 用 语

Huānyíng guānglín
1. 欢 迎 光 临!

Ràng nín jiǔděng le
2. 让 您 久 等 了。

Nín yǒu shénme shì xūyào bāngmáng ma
3. 您 有 什 么 事 需 要 帮 忙 吗?

Suíshí yuànyì wèi nín tígōng fúwù
4. 随时 愿 意 为 您 提 供 服务。

Zhù nín zài zhèli zhù de yúkuài
5. 祝 您 在 这里 住 得 愉 快!

Wǒmen huì shǐ nín mǎnyì de
6. 我 们 会 使 您 满 意 的。

Hěn bàoqiàn gěi nín tiān máfan le
7. 很 抱 歉，给 您 添 麻 烦 了。

Qǐng yòng chá
8. 请 用 茶。

Qǐngwèn nín nǎlǐ bù shūfu
9. 请 问 您 哪里 不 舒服?

Qǐng yòng máojīn
10. 请 用 毛 巾。

Shífēn bàoqiàn wǒ de gōngzuò gěi nín dàiláile búbiàn
11. 十分 抱 歉，我 的 工 作 给 您 带来了 不 便。

Nín màn zǒu
12. 您 慢 走!

Zhù nín yúkuài
13. 祝 您 愉 快。

Kěyǐ jìnlái ma
14. 可以 进来 吗?

Yǒu shì qǐng bōdǎ diànhuà
15. 有 事 请 拨打 电 话。

Qǐngwèn nǐmen gòng jǐ wèi
16. 请 问 你们 共 几 位?

Qǐng gēn wǒ lái
17. 请 跟 我 来。

Zǎoshang hǎo
18. 早上 好！

Dǎrǎo nín le zhèbiān qǐng
19. 打扰 您 了，这边 请！

Huānyíng zàicì guānglín
20. 欢迎 再次 光临！

四、背景知识

Fángjiān shì jiǔdiàn zuì jīběn de chǎnpǐn yì wéi jiǔdiàn zhǔyào shōurù lái-
房间是酒店最基本的产品，亦为酒店主要收入来
yuán zhī yī yīncǐ tígōng zhěngqí shūshì qiě měiguān de fángjiān ràng lǚkè xiūxi
源之一，因此提供整齐、舒适且美观的房间让旅客休息
shì kèfángbù de zhòngyào rènwu Kèfáng fúwùyuán búdàn yào shēnqiáng tǐjiàn
是客房部的重要任务。客房服务员不但要身强体健、
chīkǔ nàiláo érqiě hái yào jùbèi zhuānyè zhīshi yǔ zhuānyè jìnéng ràng kèrén yǒu
吃苦耐劳，而且还要具备专业知识与专业技能，让客人有
bīnzhì-rúguī de gǎnjué zhèyàng cái néng jiějué lǚkè zhù diàn qījiān de gèzhǒng
宾至如归的感觉，这样才能解决旅客住店期间的各种
wèntí
问题。

什么叫“零声母”？

每个汉语音节都可以拆分成声母和韵母两部分，每个汉字字音结构也都由声母、韵母和声调三部分构成。通常被大家称为“零声母”的音节，就是没有辅音声母的音节，例如“安”(an)、“哎”(ai)、“欧”(ou)、“烟”(ian)、“湾”(uan)等，这些字音不是辅音开头，而是元音开头的。

项目9 航空服务

一、会话

zhōudào de fúwù
周到的服务

yí wèi qīshí duō suì de lǎonǎinai yí gè rén chéngzuò fēijī yuǎnxíng shùnlì
一位70多岁的老奶奶一个人乘坐飞机远行，顺利
dàodále mùdìdì qián lái jiē jī de sūnnǚ shífēn guānqiè de xúnwèn lùshang de
到达了目的地，前来接机的孙女十分关切地询问路上的
qíngkuàng
情况。

Nǎinai nín zìjǐ qù mǎi de jīpiào ma
孙女："奶奶，您自己去买的机票吗？"

Búshì wǒ tuō péngyou mǎi de
奶奶："不是，我托朋友买的。"

Zhè jiù hǎo nín niánjì dà le yí gè rén chū mén zhēn ràng rén bú
孙女："这就好，您年纪大了，一个人出门真让人不
fàngxīn
放心。"

Péngyou gàosu fúwù xiǎojiě shuō chéngjī de shì wèi qīshí duō suì de
奶奶："朋友告诉服务小姐，说乘机的是位70多岁的
lǎotàitai xīwàng duōduō guānzhào
老太太，希望多多关照。"

Fúwù xiǎojiě dāying le ma
孙女："服务小姐答应了吗？"

Tā shuǎngkuai de dāying le shuō qǐng fàngxīn huì ràng nín mǎnyì
奶奶："她爽快地答应了，说'请放心，会让您满意
de
的'。"

Zhè hái chàbuduō
孙女："这还差不多。"

Wǒ zài huàn piào shí yí wèi fúwù xiǎojiě qīnqiè de gēn wǒ shuō wǒ
奶奶："我在换票时，一位服务小姐亲切地跟我说：'我

zǎo zài cǐ gōnghòu le lǎonǎinai
早在此恭候了，老奶奶！'"

Ránhòu ne
孙女："然后呢？"

Nà wèi xiǎojiě lāzhe wǒ de shǒu tiántián de shuō lǎonǎinai cóng
奶奶："那位小姐拉着我的手甜甜地说：'老奶奶，从

xiànzài qǐ dào dēng jī qián yóu wǒ lái zhàoliào nín dēng jī hòu hái huì yǒu rén zhào-
现在起到登机前，由我来照料您；登机后还会有人照

liào nín Qǐng nín fàngxīn
料您。请您放心'。"

Tā jiù yì zhí péizhe nín ma
孙女："她就一直陪着您吗？"

Shì a tā gēn wǒ lào jiācháng bāng wǒ līn xíngli shuōdōng-dàoxī
奶奶："是啊，她跟我唠家常，帮我拎行李，说东道西

de xiàng nǐ yí yàng dòu wǒ kāixīn ràng wǒ xiào de hé bù lǒng zuǐ Wǒ qǐng tā hē
的，像你一样逗我开心，让我笑得合不拢嘴。我请她喝

yǐnliào tā hái xièjué le
饮料，她还谢绝了。"

Nà dēng jī yǐhòu ne
孙女："那登机以后呢？"

Yíyàng a Fēi jī shang nà wèi kōng jiě piàoliang wēnróu shuōhuà
奶奶："一样啊！飞机上那位空姐漂亮、温柔，说话

qīngyán-xìyǔ de tā bǎ wǒ chānfú dào zuòwèi shang duān chá sòng cān bǎ wǒ
轻言细语的，她把我搀扶到座位上，端茶、送餐，把我

cìhoude shūshū-fúfú de Tā xiàng duìdài zì jǐ de nǎinai yí yàng hái péi wǒ shuō-
伺候得舒舒服服的。她像对待自己的奶奶一样，还陪我说

huà wǒ yí lù dōu hěn kāixīn
话，我一路都很开心。"

Zhēnde ya tāmen de fúwù zhème hǎo xiàhuí wǒmen yě zuò zhè tàng
孙女："真的呀，她们的服务这么好，下回我们也坐这趟

hángbān
航班！"

二、语音点

（一）前鼻音韵母

shùn lì sūnnǚ xúnwèn
un 顺利 孙女 询问

（二）后鼻音韵母

yòngcān yǒngqì yǒngyuǎn yōnghù
iong 用餐 勇气 永远 拥护

（三）边鼻音

nǎinai sūnnǚ niánjì nín nǐ ne nà
n 奶奶 孙女 年纪 您 你 呢 那

lǎo lái lào līn lǒng lāzhe zhàoliào xíngli yí lù
l 老 来 唠 拎 拢 拉着 照料 行李 一路

三、练习

jiāotōng fúwù wénmíng yòngyǔ
交通服务文明用语

Duìbuqǐ qǐng shāo děng
1. 对不起，请稍等。

Qǐng dàjiā páihǎo duì
2. 请大家排好队。

Qǐng chūshì chēpiào
3. 请出示车票。

Qǐngwèn nín dào nǎ lǐ qù
4. 请问您到哪里去？

Qǐng jiǎng nín yǒu shénme shì
5. 请讲，您有什么事？

Nín yǒu kùnnan wǒmen jǐnliàng bāngzhù jiějué
6. 您有困难，我们尽量帮助解决。

Qǐng duìhào rùzuò
7. 请对号入座。

Qǐng zūnshǒu zhìxù
8. 请遵守秩序。

Qǐng búyào jiādài wēixiǎnpǐn
9. 请不要夹带危险品。

Qǐng dǎkāi bāoguǒ pèihé jiǎnchá
10. 请打开包裹，配合检查。

Huānyíng lái zhàn chéngchē
11. 欢迎来站乘车。

Qǐng chūshì zhèngjiàn
12. 请出示证件。

Qǐng nín chóng jiǎng yí biàn hǎo ma
13. 请您重讲一遍好吗？

Duìbuqǐ nín yǒu língqián ma
14. 对不起，您 有 零 钱 吗？

Qǐng náhǎo zhǎolíng hé piào
15. 请 拿好 找 零 和 票。

Huānyíng duō tí bǎoguì yìjiàn
16. 欢 迎 多 提 宝贵 意见。

Qǐng nín duō guānzhào
17. 请 您 多 关 照。

Zhù nín yí lù píng'ān
18. 祝 您 一路 平 安。

四、背景知识

Xiànzài shì shìchǎng jīngjì shídài zuòwéi xīnyídài de chéngwùyuán zài fēixíng gōngzuò zhōng zuì guānzhù de jiùshì lǚkè de gǎnshòu Rúguǒ chéngwùyuán gōngzuò de hǎo fúwù de hǎo lǚ kè gǎnjué hǎo jiù xìnrèn hángkōng fúwù jiù huì zàicì chéngzuò zhè jiā hángkōng gōng sī de kè jī Yǒule lǚkè de guānggù jiù yíngdéle shìchǎng

现在是市场经济时代，作为新一代的乘务员，在飞行工作中最关注的就是旅客的感受。如果乘务员工作得好、服务得好，旅客感觉好，就信任航空服务，就会再次乘坐这家航空公司的客机。有了旅客的光顾，就赢得了市场。

Yīnwèi chéngwùyuán gōngzuò de duìxiàng shì gèzhǒng-gèyàng de rén zhēnduì bùtóng de lǚkè yào yǒu zì jǐ bùtóng de yìngduì fāngfǎ Rúguǒ gǎnjué lǚkè hěn tiāotī gēn tā nàixīn de jiěshì biǎoshì qiànyì hòu lǚkè háishi bùnéng jiēshòu zhèshí jiù yào jí shí qǐngshì jīzhǎng ràng jīzhǎng zài gēn lǚ kè jiěshì bǎ zhège wèntí hěn hǎo de jiějué

因为乘务员工作的对象是各种各样的人，针对不同的旅客要有自己不同的应对方法。如果感觉旅客很挑剔，跟他耐心地解释、表示歉意后，旅客还是不能接受，这时就要及时请示机长，让机长再跟旅客解释，把这个问题很好地解决。

n是舌尖中浊鼻音，l是舌尖中浊边音。这两个声母发音时，声带都颤动，舌尖都抵住上齿龈。不同的是：发n音时，软腭下垂，打开鼻腔通道，气流从鼻腔流出来；发l音时，舌尖抵住上齿龈，软腭上升，然后让气流从舌头与两颊内侧的空隙间流出来。

项目 10 快乐的旅游

一、会话

tiān zhī yá hǎi zhī jiǎo
天之涯 海之角

Dào Hǎinán lǚyóu yídìng děi yóu Sānyà yīnwèi nàlǐ wúlùn dìlǐ wèizhi háishi zìrán jǐngguān dōu zhíde yì yóu Xiànzài jiù ràng dǎoyóu gěi nín jièshào jièshào ba
到海南旅游，一定得游三亚，因为那里无论地理位置还是自然景观都值得一游。现在就让导游给您介绍介绍吧。

Rénmen cháng shuō bú dào chángchéng fēi hǎohàn jīntiān wǒ yào shuō bú dào tiānyá-hǎijiǎo shìbú bàxiū Wǒmen jīntiān cānguān de jǐngdiǎn jiù shì tiānyá-hǎijiǎo
导游："人们常说'不到长城非好汉'，今天我要说'不到天涯海角誓不罢休'。我们今天参观的景点，就是天涯海角。"

Tài hǎo le Kěshì dǎoyóu shìjiè shang zhēn yǒu tiānyá-hǎijiǎo zhège dìfang ma
游客："太好了！可是，导游，世界上真有'天涯海角'这个地方吗？"

Wènde hǎo zhè zhèngshì wǒ yào gàosu dàjiā de Gǔdài yǒu tiānyuán-dìfāng yì shuō jiǎrú zhè zhǒng shuōfǎ chénglì de huà nǎr cái shì jìntóu nǎr cái shì tiānbiān ne àn lìshǐ de shuōfǎ tā jiù zài zhèr wǒmen jīntiān cānguān de mùdìdì tiānyá-hǎijiǎo
导游："问得好，这正是我要告诉大家的。古代有'天圆地方'一说，假如这种说法成立的话，哪儿才是尽头，哪儿才是天边呢？按历史的说法，它就在这儿，我们今天参观的目的地——天涯海角。"

ō míngbai le
游客："噢，明白了。"

Tiānyá-hǎijiǎo háiyǒu rénshēng mòrì dàolái de hányì Táng-sòng
导游:"'天涯海角'还有'人生末日到来'的含义。唐宋
shíqī zhè yí dài shì zhōngyuán dìqū de xībólìyà bèi guānfǔ liúfàng dào zhèr
时期,这一带是中原地区的'西伯利亚',被官府流放到这儿
de rén rén-dì-shēngshū shuǐtǔ-bùfú cóng'ér bēiguān shīwàng jí shǎo yǒu
的人,人地生疏,水土不服,从而悲观失望,极少有
shēnghuán de zài tāmen kànlái zǒu tiānyá xià hǎijiǎo jiù yìwèizhe rénshēng mòrì
生还的,在他们看来,走天涯,下海角,就意味着人生末日
de dàolái
的到来。"

āi yā tiānyá-hǎijiǎo háiyǒu zhème yì céng hányì a tǐng qīliáng de
游客:"哎呀,'天涯海角'还有这么一层含义啊,挺凄凉的
ma
嘛!"

Shì a Dàn zuòwéi lǚyóuzhě nǐmen huì wèi jīntiān néng qiánwǎng
导游:"是啊!但作为旅游者,你们会为今天能前往
zhème yí gè dàiyǒu shénmì sècǎi lìng rén xiàngwǎng de jǐngdiǎn ér gǎndào xīnwèi
这么一个带有神秘色彩、令人向往的景点而感到欣慰
de
的。"

Wèishénme ne
游客:"为什么呢?"

Yīnwèi zài màncháng de rénshēng lùshang nǐmen néng yǒu jīhuì dào-
导游:"因为在漫长的人生路上,你们能有机会到
dá tiānyá-hǎijiǎo jīnhòu háiyǒu shénme kèfú bù liǎo de jiānnán-kùnkǔ ne
达天涯海角,今后还有什么克服不了的艰难困苦呢?"

Shuō de shì yǒu dàolǐ
游客:"说得是,有道理。"

Lìngwài wǒmen zhōngjiān yǒu xǔduō chéngshuāng-chéngduì de yóu-
导游:"另外,我们中间有许多成双成对的游
kè nǐmen hé bànlǚ xiāngxié-xiāngbàn zǒudàole tiān zhī yá hǎi zhī jiǎo xiāngxìn nǐ-
客,你们和伴侣相携相伴走到了天之涯,海之角,相信你
men jīnhòu yídìng huì gèngjiā xiāngqīn-xiāng'ài báitóu-xiélǎo yǒng bù fēnkāi
们今后一定会更加相亲相爱,白头偕老,永不分开!"

Hāha shuō de tài hǎo le Xièxie dǎoyóu de měiyán wǒmen jīntiān yí-
游客:"哈哈,说得太好了!谢谢导游的美言,我们今天一
dìng yào jìnqíng de wánr jìnqíng de kāixīn na
定要尽情地玩儿,尽情地开心哪!"

Xièxie
导游:"谢谢!"

二、语音点

(一)边音声母

lǚyóu nà lǐ wúlùn dì lǐ chénglì lì shǐ dàolái liúfàng
l 旅游 那里 无论 地理 成立 历史 到来 流放

qī liáng lìng rén lùshang lìngwài bànlǚ dàole lǎo
凄凉 令人 路上 另外 伴侣 到了 老

(二)舌根音声母

Hǎinán háishi hǎijiǎo hǎo hányì shēnghuán huà huì
h 海南 还是 海角 好 含义 生还 话 会

(三)零声母

tiānyá yídìng yóu Sānyà yào yā
y 天涯 一定 游 三亚 要 呀

wǒ yīnwèi wèizhì yìwèi xiàngwǎng xīnwèi
w 我 因为 位置 意味 向往 欣慰

(四)"一"的变调

yídìng yì yóu yì shuō yí dài yì céng yí gè
一定 一游 一说 一带 一层 一个

三、练习

dǎoyóu chángyòngyǔ
1. 导游常用语

Wǒ míngbai le
①我明白了。

Nín yàoshi kànjiàn le de huà
②您要是看见了的话……

Qǐng shāo děng piànkè
③请稍等片刻……

Nín hǎo ma
④您好吗?

Qǐng yòngcān
⑤请用餐。

Zhēn duìbuqǐ gěi nín tiān máfan le
⑥真对不起,给您添麻烦了。

Nín de xíngli yīfu

⑦您 的 行李、衣服。

Qǐngwèn shì zhège ma

⑧请 问 是 这个 吗？

Nín yào zhège ma

⑨您 要 这个 吗？

Nín yào zài zhèr děngzhe ma

⑩您 要 在 这儿 等着 吗？

nín zhūwèi

⑪您，诸 位

nánshì nǚshì

⑫男士，女士

dǎoyóu chénggōng mìjué

2. 导游 成 功 秘诀

chéngkěn de tàidu zhōudào de fúwù gāomíng de jìqiǎo qiàdàng de yányǔ

诚 恳 的态度、周 到 的服务、高 明 的技巧、恰 当 的 言语。

四、背景知识

Lǚyóu shì xiàndài rén shēnghuó de gāojí yāoqiú gāo pǐnwèi de lǚyóu yāoqiú yǒu gāo wénhuà xiūyǎng de dǎoyóu rényuán

旅游，是 现代 人 生 活 的 高级 要求。高 品位 的旅游，要求 有 高 文化 修养 的 导游 人 员 。

Zài dǎoyóu jiǎngjiě de guòchéng zhōng bìxū zūnxún de yuánzé yǒu yǐ kèguān xiànshí wéi yītuō de yuánzé zhēnduìxìng yuánzé línghuóxìng yuánzé

在 导游 讲解 的 过 程 中，必须 遵 循 的 原则 有：以 客 观 现实 为 依托 的 原则；针 对 性 原则；灵 活 性 原则。

Dǎoyóu rényuán de jiǎngjiě shì yì mén yǔyán yìshù yǔdiào yīnliàng yǔsù tíngdùn yōumò dōu hěn jiǎngjiu wǎngwǎng shì dǎoyóu jīzhì de yí jù huà gěi yóukè liúxiàle nánwàng de yìnxiàng jì lājìnle yóukè yǔ dǎoyóu de jùlí yòu tǐxiànle dǎoyóu de sùzhì yāoqiú

导游 人 员 的 讲 解 是 一 门 语言 艺术，语调、音 量、语速、停 顿、幽默 都 很 讲究，往 往 是 导游 机智 的 一句 话，给 游客 留下了 难 忘 的 印 象，既 拉近了 游客 与 导游 的 距离，又 体 现了 导游 的素质 要求。

f和h都是清擦音，它们的区别主要是构成阻碍的部位不同。f是唇齿音，发音时，下唇和上齿构成阻碍，气流从唇齿之间挤出摩擦成声。h是舌根音，发音时，舌根和软腭构成阻碍，气流从缝隙流出来摩擦成声。

单元③ 成功篇

导 读

本篇谈职业生涯设计问题,从职业生涯设计、择业、就业、创业、成功五个方面展开,学习时要多思考自己的人生设计问题并逐步实现。

语音点重点训练:舌根音声母 g k h、舌面元音韵母 ɑ o e ê i u ü、双唇音声母 b p m,并对唇齿音声母 f、舌尖中音声母 d t 等语音点进行训练。

项目 11 职业生涯设计

一、会话

shèjì zhíyè shēngyá quèdìng rénshēng mùbiāo
设计职业生涯 确定人生目标

Tóngxué nǐ hǎo Wǒ shì láizì guójiā jí zhòngdiǎn zhíyè zhōngzhuān Guìlín shì lǚyóu zhíyè zhōngzhuān de cānsài xuǎnshǒu hěn gāoxìng zài zhè cì jìnéng bǐsài zhōng rènshi nǐ
学生甲:"同学你好。我是来自国家级重点职业中专——桂林市旅游职业中专的参赛选手,很高兴在这次技能比赛中认识你。"

Nǐ hǎo rènshi nǐ hěn gāoxìng Gāngcái kàndào nǐ xiánshú de jìnéng zhǎnshì hái yǐwéi nǐ shì nǎge xīng jí dà jiǔdiàn lái de cānsài xuǎnshǒu ne
学生乙:"你好,认识你很高兴。刚才看到你娴熟的技能展示,还以为你是哪个星级大酒店来的参赛选手呢。"

Xièxie guòjiǎng le Qǐngwèn nǐ shì xué shénme zhuānyè de ne
学生甲:"谢谢,过奖了。请问你是学什么专业的呢?"

Wǒ xué pēngrèn zhècì zhǔyào shì cānjiā diāokè bǐsài
学生乙:"我学烹饪,这次主要是参加雕刻比赛。"

Shì a Wǒmen yīnggāi jīngcháng cānjiā gèzhǒng jíbié de jìnéng dàsài yǒuzhùyú wǒmen zhǎngwò gèng duō de zhuānyè zhīshi yě yǒulìyú zhuānyè jìnéng shuǐpíng de tígāo
学生甲:"是啊。我们应该经常参加各种级别的技能大赛,有助于我们掌握更多的专业知识,也有利于专业技能水平的提高。"

Shuō de duì wǒ jīnnián gāng shàng gāoyī háiyǒu hěn duō dōngxi yào xuéxí Nǐ shàng gāosān le ma
学生乙:"说得对,我今年刚上高一,还有很多东西要学习。你上高三了吗?"

Duì jīnnián zhǔnbèi bàokǎo yì suǒ lǐxiǎng de gāozhí yuànxiào jìnxíng shēnzào ràng zìjǐ gè fāngmiàn sùzhì hé nénglì déyǐ tígāo zǎorì shíxiàn zìjǐ de mèngxiǎng
学生甲:"对,今年准备报考一所理想的高职院校进行深造,让自己各方面素质和能力得以提高,早日实现自己的梦想。"

Wǒ jiù bùgǎn zhèyàng xiǎng le Wǒ juéde xiànzài shìchǎng jìngzhēng zhème jīliè dàxué bìyèshēng dōu bùhǎo zhǎo gōngzuò wǒ xiǎng bìyè hòu xiān gōngzuò yǒu shōurù hòu zài jìnxiū yě bù chí
学生乙:"我就不敢这样想了。我觉得现在市场竞争这么激烈,大学毕业生都不好找工作,我想毕业后先工作,有收入后再进修也不迟。"

Shìchǎng jìngzhēng quèshí jīliè dànshì wǒmen kěyǐ tōngguò zhíyè shēngyá shèjì lái quèdìng wǒmen qiánjìn de bùfá zhǐyào wǒmen měi gè rén yǒu zìjǐ de mùbiāo bìngqiě cháozhe zhège mùbiāo qù nǔlì wǒmen de rénshēng lǐxiǎng zǒng huì shíxiàn de
学生甲:"市场竞争确实激烈,但是我们可以通过职业生涯设计来确定我们前进的步伐,只要我们每个人有自己的目标,并且朝着这个目标去努力,我们的人生理想总会实现的。"

Zhíyè shēngyá shèjì shì yí gè shénme gàiniàn tā yòu yǒu shénme yòng ne Wǒ bú tài liǎojiě nǐ néng gēn wǒ shuōshuo ma
学生乙:"职业生涯设计是一个什么概念?它又有什么用呢?我不太了解,你能跟我说说吗?"

Hǎo de míngtiān wǒmen hǎohāor liáoliao ba
学生甲："好的，明天我们好好儿聊聊吧！"

二、语音点

舌根音声母

gāo gāng guò gè gǎn guān
g 高 刚 过 各 敢 关
láogù gǎigé guīhuà gàiniàn Guìlín Zhōngguó
牢固 改革 规划 概念 桂林 中国

kè kǎo kuàng kě kāi kuò
k 刻 考 况 可 开 扩
kuòzhǎn bàokān kèyú kǒu'àn cánkuì kēngqiāng
扩展 报刊 课余 口岸 惭愧 铿锵

hái hòu huì hé huá hǎi
h 还 后 会 和 华 海
huìhuà nǐ hǎo hěn duō hékuàng huāhuì Huánghé
会话 你好 很多 何况 花卉 黄河

三、练习

wǒ de zhíyè shēngyá shèjì
我的职业生涯设计

rènshi zìwǒ
1. 认识自我

Wǒ cóngxiǎo shēnghuó zài bǐjiào fùyù de jiātíng zhōng fùqīn zài jiāxiāng kāi-
我从小生活在比较富裕的家庭中，父亲在家乡开
zhe yì jiā lǚxíngshè fēnghuá lǚxíngshè māma shì yì jiā qǐyè de rénshìbù
着一家旅行社——风华旅行社，妈妈是一家企业的人事部
jīnglǐ zài guǎnlǐ fāngmiàn yóu wéi zàiháng zhè shǐde wǒ duì lǚyóu jí guǎnlǐ děng
经理，在管理方面尤为在行，这使得我对旅游及管理等
fāngmiàn jùyǒu nónghòu de xìngqù Yīnwèi zhè fèn xìngqù jí jiāzhǎng de yǐng
方面具有浓厚的兴趣。因为这份兴趣及家长的影
xiǎng wǒ jīngcháng zài jiéjiàrì dào fùqīn de lǚxíngshè jìnxíng duànliàn
响，我经常在节假日到父亲的旅行社进行锻炼。

Wǒ de shēnghuó huánjìng jí fùmǔ de yǐngxiǎng zhùjiùle wǒ de xìnggé
我的生活环境及父母的影响铸就了我的性格——
xiǎng wèntí xìzhì zhōudào yǒu zìjǐ dúdào de yìjiàn gǎnyú biǎoxiàn zìjǐ
想问题细致、周到，有自己独到的意见，敢于表现自己，

chéngshí dàfang dàirén yǒulǐ-yǒujié dàn wǒ zhège rén zuì dà de quēdiǎn jiùshì
诚实、大方，待人有礼有节，但我这个人最大的缺点就是
zuòshì quēfá nàixìng suǒyǐ zài wǒ jìnrù zhíyè zhōngzhuān xuéxí de shíhou wǒ
做事缺乏耐性，所以，在我进入职业中专学习的时候，我
xuǎnzéle dǎoyóu zhuānyè xīwàng zì jǐ néng cóng gè fāngmiàn dédào duànliàn
选择了导游专业，希望自己能从各方面得到锻炼。

wǒ de mùbiāo
2. 我的目标

dì-yī jiēduàn mùbiāo chōngshí duànliàn zì jǐ
第一阶段目标：充实锻炼自己；

dì-èr jiēduàn mùbiāo kǎoshàng lǐxiǎng de gāozhí xuéxiào huò zhǎodào yí fèn lǐxiǎng de gōngzuò
第二阶段目标：考上理想的高职学校或找到一份理想的工作；

dì-sān jiēduàn mùbiāo kuòdà zìjiā lǚxíngshè guīmó
第三阶段目标：扩大自家旅行社规模。

cuòshī jí ānpái
3. 措施及安排

èrlíng-língwǔ nián qī yuè èrlíng-língliù nián qī yuè tígāo xuéxí chéngjì
① 2005年7月—2006年7月：提高学习成绩。

Cuòshī bǎ wénhuàkè zhōng bǐjiào ruò de kēmù yīngyǔ bǔ guòlái Zài zhuānyèkè shang bùnéng yǒu bàndiǎn sōngxiè bìngqiě yào zhùzhòng shíjiàn jiāng suǒ xué zhīshi láogù zhǎngwò bìng jiāqiáng pǔtōnghuà xùnliàn
措施：把文化课中比较弱的科目——英语补过来。在专业课上，不能有半点松懈，并且要注重实践，将所学知识牢固掌握，并加强普通话训练。

èrlíng-língliù nián qī yuè èrlíng-língqī nián qī yuè zhēngqǔ xuéxí chéngjì bǎochí zài qián wǔ míng wèi shíxiàn dì-èr jiēduàn mùbiāo dǎhǎo jīchǔ
② 2006年7月—2007年7月：争取学习成绩保持在前五名，为实现第二阶段目标打好基础。

Cuòshī dìngyuè lǚyóu fāngmiàn xiāngguān bàozhǐ zázhì děng qiánghuà duì zhuānyèkè jí wénhuàkè de xuéxí
措施：订阅旅游方面相关报纸杂志等，强化对专业课及文化课的学习。

èrlíng-língqī nián qī yuè èrlíng-língbā nián liù yuè kǎoshàng yì suǒ lǐxiǎng de gāozhí yuànxiào
③ 2007年7月—2008年6月：考上一所理想的高职院校。

Cuòshī zhēnxī shíjiān gěi zì jǐ jiāshàng yì jié zǎodú hé liǎng jié wǎn zì xí
措施：珍惜时间，给自己加上一节早读和两节晚自习，
chōngfèn fù xí měi mén gōngkè chálòu-bǔquē
充分复习每门功课，查漏补缺。

èrlíng-língbā nián jiǔ yuè èrlíng-yīlíng nián qī yuè zài gāozhí yuànxiào xué-
④ 2008 年 9 月— 2010 年 7 月：在高职院校学
xí qījiān bǎ zì jǐ sùzào chéngwéi yì míng fú hé shèhuì cháoliú de gāo sùzhì rén-
习期间，把自己塑造成为一名符合社会潮流的高素质人
cái
才。

Cuòshī chōngfèn lìyòng xuéxiào tiáojiàn xuéhǎo běn zhuānyè zhīshi lìyòng
措施：充分利用学校条件，学好本专业知识，利用
kèyú shíjiān xuéxí gèng duō lǚyóu fāngmiàn zhīshi jí qǐyè yíngxiāo guǎnlǐ zhīshi
课余时间学习更多旅游方面知识及企业营销管理知识，
sōují yìxiē chénggōng qǐyè de ànlì wèi shúxī lǚxíngshè yèwù zuòhǎo zhǔnbèi
搜集一些成功企业的案例，为熟悉旅行社业务做好准备。

èrlíng-yīlíng nián èrlíng-yīwǔ nián huí fēnghuá lǚxíngshè jiùyè jiéhé
⑤ 2010 年— 2015 年：回风华旅行社就业，结合
suǒ xué zhīshi yǔ shíjiàn jīngyàn guīfàn qǐyè guǎnlǐ
所学知识与实践经验，规范企业管理。

Cuòshī fēnxī fēnghuá lǚxíngshè xiànzhuàng jí shìchǎng qíngkuàng zhǎochū
措施：分析风华旅行社现状及市场情况，找出
lǚxíngshè zìshēn de yōushì yǔ bùzú dàdǎn gǎigé guīfàn lǚxíngshè guǎnlǐ wèi
旅行社自身的优势与不足，大胆改革，规范旅行社管理，为
jìn yí bù fāzhǎn tíchū jiànshèxìng yìjiàn
进一步发展提出建设性意见。

èrlíng-yīwǔ nián èrlíng-èrwǔ nián bǎ fēnghuá lǚxíngshè de guīmó kuòdà
⑥ 2015 年— 2025 年：把风华旅行社的规模扩大，
kuòdà jīngyíng fànwéi wājué yōuxiù réncái kuòdà lǚxíngshè zhīmíngdù měiyùdù
扩大经营范围，挖掘优秀人才，扩大旅行社知名度、美誉度。

Cuòshī tóurù zījīn jí shèbèi kuòdà fēnghuá guīmó jiāqiáng yǔ qítā qǐ-
措施：投入资金及设备，扩大"风华"规模，加强与其他企
yè jí zǔzhī de hézuò jījí cānyù dāngdì gè xiàng gōngyì huódòng
业及组织的合作，积极参与当地各项公益活动。

四、背景知识

Zhíyè shēngyá shèjì néng bǎ gèrén de zhíyè lǐxiǎng jùtǐ de rónghuì zài rì-
职业生涯设计能把个人的职业理想具体地融汇在日

cháng shēnghuó xuéxí de shíjiàn zhōng shǐ zì jǐ de huódòng jùyǒu mùdìxìng jì-
常生活、学习的实践中，使自己的活动具有目的性、计
huàxìng tiáolǐxìng cóng'ér yǒuzhùyú zhíyè lǐxiǎng de shíxiàn Tóngshí jìnxíng zhí-
划性、条理性，从而有助于职业理想的实现。同时,进行职
yè shēngyá shèjì bìxū fēnxī xiàndài zhíyè duì cóngyèzhě de sùzhì yāoqiú zhè-
业生涯设计,必须分析现代职业对从业者的素质要求，这
yàng cái néng shǐ wǒmen jìn yí bù míngquè xuéxí mùbiāo yǒu lì yú zhǐdǎo zài xiào
样才能使我们进一步明确学习目标，有利于指导在校
xuéxí Zhùyì wúlùn nǐ xiànzài huò jiānglái cóngshì de zhíyè shì shénme duì zhí-
学习。注意：无论你现在或将来从事的职业是什么，对职
yè yào fùzé zhè yì diǎn qièqiè bùkě wàngjì héxié róngqià de rénjì guānxi fēi-
业要负责这一点切切不可忘记；和谐融洽的人际关系非
cháng zhòngyào yào yōuhuà nǐ de jiāojì jìnéng yào shànyú fāxiàn biànhuà bìng
常重要；要优化你的交际技能；要善于发现变化并
shìyìng biànhuà yào línghuó wèilái shídài de gōngzuòzhěmen kěnéng bìxū yào jīng-
适应变化；要灵活，未来时代的工作者们可能必须要经
cháng zhuǎnhuàn zhíyè juésè yào shànyú xué yòng xīn jìshù yào shěde huā qián
常转换职业角色；要善于学用新技术；要舍得花钱
huā shíjiān xuéxí gè zhǒng zhǐnánxìng zhīshi jiǎnjiè bìngqì gè zhǒng cuòwù guān-
花时间学习各种指南性知识简介；摒弃各种错误观
niàn xuǎnzé jiùyè dānwèi shí shìqián yīng duō zuò mōdǐ yánjiū yào búduàn kāituò
念；选择就业单位时事前应多做摸底研究；要不断开拓
jìnqǔ búduàn kāifā xīn jìnéng
进取、不断开发新技能。

舌根音声母 g、k、h：舌面前部抵住或接近软腭阻碍气流而形成，发音部位是舌根和软腭。

项目12 择 业

一、会话

shuāngxiàng xuǎnzé
双向选择

Tīngshuō nǐ zhǔnbèi dào jiàrì jiǔdiàn cānyǐnbù shàngbān le
学生甲："听说你准备到假日酒店餐饮部上班了？"

Shì a Qián yì jiēduàn wǒ shì zài jiàrì jiǔdiàn xīcāntīng shíxí de
学生乙："是啊。前一阶段我是在假日酒店西餐厅实习的，
gōngzuò gēn zì jǐ suǒ xué zhuānyè duìkǒu érqiě zài gōngzuò zhōng yě néng xuédào
工作跟自己所学专业对口，而且在工作中也能学到
hěn duō dōngxi zuìjìn hěn duō dānwèi lái xuéxiào zhāo rén nǐ dǎsuàn qù nǎ r
很多东西。最近很多单位来学校招人，你打算去哪儿？"

Wǒ māma zhǔnbèi jièshào wǒ dào tā péngyou kāi de gōngsī qù zuò
学生甲："我妈妈准备介绍我到她朋友开的公司去做
mìshū gōngzī shì wǔbǎi yuán Wǒ xué lǚyóu yīngyǔ de qù zuò mìshū zhěngtiān
秘书，工资是500元。我学旅游英语的去做秘书，整天
gěi rén duān chá-dào shuǐ de gōngzī yòu dī shuōbudìng hái huì bèi lǎobǎn dàng-
给人端茶倒水的，工资又低，说不定还会被老板当
chéng chūqìtǒng wǒ bú tài xiǎng gàn Tīngshuō Liǔzhōu tiělùjú huì lái xuéxiào
成出气筒，我不太想干。听说柳州铁路局会来学校
zhāo rén wǒ zài děngdeng kànkan ba
招人，我再等等看看吧。"

ò shì zhèyàng Búguò wǒ yě tīngshuō Liǔzhōu tiělùjú de yāoqiú
学生乙："哦，是这样。不过我也听说柳州铁路局的要求
bǐjiào gāo zhāopìn shí zài shēncái kǒucái chéngjì děng gè fāngmiàn dōu yào zé
比较高，招聘时在身材、口才、成绩等各方面都要择
yōu lùqǔ ne
优录取呢。"

Háiyào guò xuéxiào zhè yì guān ya zhēngqǔ bei
学生甲："还要过学校这一关呀，争取呗。"

Xiànzài de fēnpèi fāngshì shì shuāngxiàng xuǎnzé wǒ kàn zhǔyào
学生乙："现在的分配方式是双向选择，我看主要
shì qǔjué yú nǐ zì jǐ hé yòngrén dānwèi
是取决于你自己和用人单位。"
Shì a yǒu dàolǐ
学生甲："是啊，有道理。"

二、语音点

（一）中响复元音韵母

duì zuì shuǐ tuī zhuī huì
ui 对 最 水 推 追 会
kuìjiù guìzhòng zhuìhuǐ chuīniú suíbiàn ruìdiǎn
愧疚 贵重 坠毁 吹牛 随便 瑞典

（二）前响复元音韵母

bèi pèi měi wèi fēi gěi
ei 备 配 美 未 飞 给
nèibù léizhui hēibái zhuōzéi dìngwèi bèidòng
内部 累赘 黑白 捉贼 定位 被动

（三）双唇音声母

bù bān ba bèng bèi bō
b 部 班 吧 迸 被 波
běnzhì bìyè bōkuǎn bāobàn jībài láibīn
本质 毕业 拨款 包办 击败 来宾
pìn péng pèi pò pà pū
p 聘 朋 配 破 怕 扑
páshān pōshuǐ pīzhǔn pǔtōng pàiqiǎn piējiàn
爬山 泼水 批准 普通 派遣 瞥见
mā miàn mǎn mǒu míng máng
m 妈 面 满 某 明 盲
měihǎo mócā mǔqīn méiyǒu mǎimai mìmì
美好 摩擦 母亲 没有 买卖 秘密

三、练习

zhōngzhí bìyèshēng de yōushì
中职毕业生的优势

Zhōngzhí jiàoyù miànxiàng shìchǎng yǒu hěn míngquè de shìchǎng dìng-
1. 中职教育面向市场，有很明确的市场定

wèi cóng zhāoshēng kāishǐ jiù yǐ kǎolǜle jīnhòu de jiùyè shìchǎng qíngkuàng,
位，从招生开始，就已考虑了今后的就业市场情况，
yǒu zhēnduìxìng de zhāoshēng zhè jiù wèi tóngxuémen zài jīliè de réncái jìng-
有针对性地招生，这就为同学们在激烈的人才竞
zhēng zhōng xuǎnzé hǎole yí gè shēngcún kōngjiān
争中选择好了一个生存空间。

Zhōngzhí bìyèshēng shì shòuguò liánghǎo de zhuānyè jìshù jiàoyù ér yòu
2. 中职毕业生是受过良好的专业技术教育而又
jùyǒu jiào qiáng de dòngshǒu nénglì de réncái zài réncái shìchǎng zhōng yǒu yí-
具有较强的动手能力的人才，在人才市场中有一
dìng de jìngzhēng nénglì
定的竞争能力。

Qǐyè duì réncái xūqiú de rènshi rìqū chéngshú yǐ búzài xiàng guòqù nà-
3. 企业对人才需求的认识日趋成熟，已不再像过去那
yàng mángmù zhuīqiú gāo xuélì huò mángmù zhuīqiú dī gōngzī ér shì gēnjù qǐyè
样盲目追求高学历或盲目追求低工资，而是根据企业
bùtóng céngcì de gǎngwèi xūyào xuǎnzé bùtóng céngcì de réncái
不同层次的岗位需要，选择不同层次的人才。

四、背景知识

Rúhé xuǎnzé gōngzuò zhè yào cóng gèrén de sùzhì àihào xuéshí nénglì
如何选择工作，这要从个人的素质、爱好、学识、能力
yǐ jí shèhuì duì réncái de xūqiú děng jǐ gè fāngmiàn lái kǎolǜ sùzhì juédìngle nǐ
以及社会对人才的需求等几个方面来考虑。素质决定了你
shìhé zuò shénme àihào juédìngle nǐ yuànyì zuò shénme xuéshí hé nénglì jué-
适合做什么，爱好决定了你愿意做什么，学识和能力决
dìngle nǐ kě yǐ zuò shénme shèhuì jí shìchǎng de xūqiú juédìngle nǐ zuò shénme
定了你可以做什么，社会及市场的需求决定了你做什么
de kěnéngxìng Miànduì yánjùn de xíngshì yīng cǎiqǔ xiān jiùyè hòu zéyè de fāng
的可能性。面对严峻的形势，应采取先就业、后择业的方
shì jí xiān zài shèhuì shang lìzhù jiǎo ránhòu zài jìnxíng xuǎnzé Xuǎnzé shénme-
式，即先在社会上立住脚，然后再进行选择。选择什么
yàng de gōngzuò shì duō fāngmiàn yīnsù juédìng de Tóngxuémen yīnggāi ràng
样的工作，是多方面因素决定的。同学们应该让
tóunǎo lěngjìng xiàlài cóng měihǎo de xiáxiǎng zhōng huídào xiànshí rènzhēn sīkǎo
头脑冷静下来，从美好的遐想中回到现实，认真思考
yíxià zì jǐ de shèhuì dìngwèi shìfǒu hé lǐ xiànshí yǔ zì jǐ lǐxiǎng de chājù yǒu
一下自己的社会定位是否合理，现实与自己理想的差距有

duō dà mùbiāo bùyào dìng de tài gāo zuòhǎo cóng jīcéng zuòqǐ de sīxiǎng zhǔn-
多大，目标不要定得太高，做好从基层做起的思想准
bèi yòng zhèngquè de sīwéi hé xīntài miànduì jiùyè zhèyàng nǐ jiù yídìng huì
备，用正确的思维和心态面对就业，这样你就一定会
chénggōng
成功。

双唇音b、p、m：闭拢上下唇阻碍气流而形成，发音部位是上唇和下唇。

项目13 就业

一、会话

yǒu jìshù hǎo jiùyè
有技术 好就业

āi tīngshuō A Péng zhígāo yí bìyè jiù kāishǐ zài quánshì guīmó zuì
阿华：“哎，听说阿鹏职高一毕业就开始在全市规模最
dà de qìchē wéixiūchǎng gōngzuò le yīnwèi nà shì qǐyè gēn xuéxiào dìngdān péi-
大的汽车维修厂工作了，因为那是企业跟学校订单培
yǎng de hěn búcuò ne
养的，很不错呢。”

Duì wǒ biǎodì yě gēn tā tóng yì suǒ xuéxiào jùshuō xuéxiào zài jiù-
阿辉：“对，我表弟也跟他同一所学校，据说学校在就
yè zhǐdǎo zhíyè jièshào hé bìyèshēng de gēnzōng fúwù gōngzuò fāngmiàn dōu zuò
业指导、职业介绍和毕业生的跟踪服务工作方面都做
de tǐng hǎo
得挺好。”

Háishi nǐmen hǎo a zhǎngwò le yì mén guòyìng de jìshù
阿辉的妈妈：“还是你们好啊，掌握了一门过硬的技术，
búpà zhǎobudào gōngzuò Chūzhōng bìyè de shíhou wǒ jiù yìzhí zài xiǎng dào-
不怕找不到工作。初中毕业的时候，我就一直在想，到
dǐ shì ràng A Huī dú pǔgāo ránhòu kǎo dàxué háishi qù dú zhígāo ránhòu jiùyè
底是让阿辉读普高然后考大学，还是去读职高然后就业，

zuìhòu háishi huā gāojià ràng tā jìnle pǔgāo xuéxí zhǔnbèi kǎo dàxué jiùshì dān-
最后还是花高价让他进了普高学习，准备考大学，就是担
xīn xuélì bùgāo bùhǎo jiùyè
心学历不高，不好就业。”

ā yí qíshí xiànzài běnkēshēng de jiùyèlǜ hái bújiànde bǐ wǒmen
阿华：“阿姨，其实现在本科生的就业率还不见得比我们
zhígāoshēng gāo ne Qián jǐ tiān zài láodòngjú réncái shìchǎng wǒ yě zhǎodào
职高生高呢。前几天在劳动局人才市场我也找到
gōngzuò le mǎshàng jiù kěyǐ shàngbān le ne
工作了，马上就可以上班了呢。”

Zhùhè nǐ ya
阿辉：“祝贺你呀。”

Xièxie Wǒ juéde wǒmen zhōngzhíshēng dòngshǒu nénglì háishi tǐng
阿华：“谢谢。我觉得我们中职生动手能力还是挺
qiáng de érqiě zhǎngwòle yí jì zhī cháng néng bǎ suǒ xué de zhuānyè zhīshi suíshí
强的，而且掌握了一技之长，能把所学的专业知识随时
yìngyòng yú shíjiàn róngyì shòudào shìchǎng qīnglài
应用于实践，容易受到市场青睐。”

Jīngcháng tīngdào tóngshì tǎolùn xiǎohái de jiùyè wèntí wǒ
阿辉的妈妈：“经常听到同事讨论小孩的就业问题，我
yě liǎojiě yì xiē mùqián de jiùyè shìchǎng qíngkuàng le Gāoxiào bìyè de xué-
也了解一些目前的就业市场情况了。高校毕业的学
sheng xiāngduì éryán jiùyè qīwàngzhí jiào gāo ér dòngshǒu nénglì yòu fǎn bùrú
生，相对而言就业期望值较高，而动手能力又反不如
zhōngzhíshēng ér yòngrén dānwèi zé xūyào dàliàng de yìngyòngxíng réncái suǒ-
中职生，而用人单位则需要大量的应用型人才，所
yǐ zhōngzhíshēng jiùyèlǜ hái gāo yìxiē
以中职生就业率还高一些。”

Shì de xiàng wǒmen xuéxiào de zhuānyè dōu shì gēnjù shìchǎng xū-
阿华：“是的，像我们学校的专业都是根据市场需
qiú shèzhì de hěn duō háishi dìngdān bànxué wèi wǒmen xuésheng bìyè hòu jiùyè
求设置的，很多还是订单办学，为我们学生毕业后就业
tígōngle bǎozhàng
提供了保障。”

二、语音点

（一）舌尖中音声母

dōu dé dǎo dāng dōng děng
d 都 得 导 当 东 等

dúshū dānxīn láodòng dàiyù máodùn dìngdān
读书 担心 劳动 待遇 矛盾 订单

tā tiān tóng téng tí tóu
t 他 天 同 疼 提 头

tǎolùn wèntí tiáozhěng pǔtōng tuījìn tīngshuō
讨论 问题 调整 普通 推进 听说

（二）舌面元音韵母

ā nà pà ya dǎ fā
a 阿 那 怕 呀 打 发

mǎshàng fādá dàliàng hàipà tāmen lā jī
马上 发达 大量 害怕 他们 垃圾

bō pò mō fó wò bō
o 波 破 摸 佛 卧 播

wǒmen móshì bōlàng pōshuǐjié fójiào mólián
我们 模式 波浪 泼水节 佛教 磨炼

ne le zhè gé de hé
e 呢 了 这 革 的 和

chǎnyè zhùhè fǒuzé běnkē shèzhì gè zhǒng
产业 祝贺 否则 本科 设置 各 种

三、练习

zhōngzhíshēng qī zhǒng jiùyè qúdào
中职生 七 种 就业渠道

Tōngguò láodòng hé shèhuì bǎozhàng bùmén zhǔguǎn de láodònglì jiùyè shìchǎng jiùyè
1. 通过劳动和社会保障部门主管的劳动力就业市场就业。

Tōngguò rénshì bùmén zhǔguǎn de réncái shìchǎng jiùyè
2. 通过人事部门主管的人才市场就业。

Tōngguò gè zhǒng shèhuì zhíjiè jīgòu jiùyè
3. 通过各种社会职介机构就业。

Tōngguò xuéxiào jiùyè jīgòu yùnyòng xiào qǐ liánhé fāngshì tuījiàn jiùyè huò
4. 通过学校就业机构运用校企联合方式推荐就业或
xìnxī fúwù zhǐdǎo jiùyè
信息服务指导就业。

Tōngguò qīnpéng-hǎoyǒu děng shèhuì guānxì tuījiàn jiùyè
5. 通过亲朋好友等社会关系推荐就业。

Zìzhǔ chuàngyè
6. 自主创业。

Cānjūn huò jìnrù nóngcūn jīcéng xiāng cūn xíngzhèng shìyè dānwèi
7. 参军或进入农村基层（乡、村）行政事业单位。

四、背景知识

Suǒwèi jiùyè shì zhǐ zài bǐjiào zhèngguī de qǐ-shìyè dānwèi gēnjù láodòngfǎ
所谓就业，是指在比较正规的企事业单位，根据劳动法
qiāndìng de láodòng hétong hé guójiā guīdìng de gè zhǒng láodòng bǎozhàng néng-
签订的劳动合同和国家规定的各种劳动保障，能
gòu dédào bǐjiào wěndìng de gōngzī
够得到比较稳定的工资。

Èrlíng-língwǔ nián zhōngzhíshēng jiùyè xíngshì chéngxiàn gāo jiùyèlǜ gāo
2005年中职生就业形势呈现“高就业率、高
xuǎnzéxìng gāo chuàngyèlǜ dī chéngcái chéngběn de xīn tèdiǎn zhè shì yīnwèi
选择性、高创业率、低成才成本”的新特点，这是因为
dàduōshù zhōngzhí xuéxiào dōu gēnjù shìchǎng xūqiú shèzhì zhuānyè Zhòngdiǎn
大多数中职学校都根据市场需求设置专业。重点
jiànshè de shìchǎng jǐnquē réncái zhuānyè yǒu ruǎnjiàn lánlǐng shùkòng jìshù jī-
建设的市场紧缺人才专业有软件蓝领、数控技术、机
diàn jìshù mújù shèjì diàngōng diànzǐ jìshù zhìlěng yǔ kōngtiáo jìshù qìchē
电技术、模具设计、电工电子技术、制冷与空调技术、汽车
yùnyòng yǔ wéixiū shìchǎng yíngxiāo diànzǐ shāngwù xiàndài wùliú lǚyóu fú-
运用与维修、市场营销、电子商务、现代物流、旅游服
wù hùlǐ xiàndài nóngyè jìshù děng
务、护理、现代农业技术等。

舌面元音韵母

舌面元音韵母由舌面元音构成，发音时主要是舌面起作用，由舌位的高低和唇形的圆展来决定。舌面元音韵母有7个：ɑ o e ê i u ü。

项目14 创　业

一、会话

xiàngzhe mùbiāo nǔlì qiánjìn
向着目标努力前进

Biǎogē zhēn shì yí gè yǒu zhìxiàng de rén a tīngshuō nǐ zuòqǐ le wǎng-
甲:“表哥真是一个有志向的人啊,听说你做起了网
luò shēngyi
络生意?”

ò wǒ shì shǔyú bú yì mǎnzú yú xiànzhuàng de rén zǒng juéde rén yì-
乙:“哦,我是属于不易满足于现状的人,总觉得人一
shēng yīnggāi wèi zì jǐ zhìdìng yí gè mùbiāo nàyàng cái yǒu qiánjìn de dònglì
生应该为自己制定一个目标,那样才有前进的动力。
Yǒu yì tiān wǒ kàndào guānyú wǎngluò shāngwù de wénzhāng tūfā qíxiǎng wèi-
有一天我看到关于网络商务的文章,突发奇想,为
shénme bú zì jǐ chángshì yí xià yúshì kāishǐ bàozhe xuéxí de tàidu dēnglù le
什么不自己尝试一下,于是开始抱着学习的态度登录了
wǎngshang shāngchéng Qǐchū yòng zì jǐ de xiánzhìwù zuòwéi huòyuán dāng
网上商城。起初用自己的闲置物作为货源,当
chénggōng shòuchū dì-yī jiàn huòpǐn shí wǒ zhēnde tài gāoxìng le
成功售出第一件货品时,我真的太高兴了。”

Nǐ bìyè hòu yìzhí zài jiǔdiàn shàngbān de ya bù yǐngxiǎng gōng-
甲:“你毕业后一直在酒店上班的呀,不影响工
zuò ma
作吗?”

Wǎngluò shēngyi shì xīnxīng de hángyè pō jù tiǎozhànxìng wǒ jiù xiǎng
乙:“网络生意是新兴的行业,颇具挑战性,我就想
zài xuéxí yìxiē dōngxi tōngguò shíjiàn wǒ míngbai wǎngxiāo shì yì tiáo kěyǐ zǒu
再学习一些东西。通过实践我明白,网销是一条可以走
de lù
的路。”

Zhēn shì yǒu jìhuà yǒu bùzhòu yǒu xiàoguǒ a wǒ děi hǎohāor xiàng
甲:“真是有计划、有步骤、有效果啊,我得好好儿向

nǐ xuéxí Wǒ mǎshàng jiù bìyè le yě qīdài xiàng nǐ zhèyàng chuàngchū yì fān
你学习。我马上就毕业了,也期待像你这样创出一番
zì jǐ de shìyè
自己的事业!"

二、语音点

(一)唇齿音声母

fèn fán fā fēn fán fēng
f 份 凡 发 分 繁 风
xuéfēn cáifù fúwù chōngfèn qínfèn fànwǎn
学分 财富 服务 充分 勤奋 饭碗

(二)舌根音声母

hǎo huò hòu huì hé hǎi
h 好 获 后 会 和 海
huòyuán huānlè hángyè shānghù huánjìng yì tǐhuà
货源 欢乐 行业 商户 环境 一体化

(三)舌面元音韵母

yì nǐ zhī dì qǐ shǐ
i 易 你 之 地 起 始
zì jǐ dòng lì bìyè shíjiàn zhíxiào jì huà
自己 动力 毕业 实践 职校 计划
lù shǔ nǔ dù hù gù
u 路 属 努 度 户 故
mǎnzú mùbiāo tūrán chūshòu bùzhòu chéngshú
满足 目标 突然 出售 步骤 成熟
yū yǔ yù jù qù xǔ
ü 淤 与 育 具 去 许
yūhuí guānyú jǔdòng qǔcái yǔyán xūyào
迂回 关于 举动 取材 语言 需要

三、练习

chuàngyèzhě chénggōng jīngyàn
创业者成功经验

yào yǒu yí gè hǎo xīntài
1.要有一个好心态
yí gè hǎo de xīntài shì chénggōng chuàngyè liánghǎo de kāiduān Zuòwéi
一个好的心态是成功创业良好的开端。作为

shānghù bùgāi bǎ zì jǐ yào zhuàn duōshǎo qián zuòwéi fèndòu de mùbiāo yǒushí-
商户，不该把自己要赚多少钱作为奋斗的目标，有时
hou mǎimai bùchéng qíngyì zài méiyǒu hézuò de jīhuì dào néng chéngwéi péng-
候买卖不成情义在，没有合作的机会，倒能成为朋
you yě bùshīwéi yí gè yìwài de shōuhuò Kuàngqiě guǎngfàn de jiāojì yě néng
友，也不失为一个意外的收获。况且广泛的交际也能
duànliàn nǐ de gèrén xíngwéi sùzhì wúlùn zài kǒucái háishi zài yí gè rén de sī-
锻炼你的个人行为素质，无论在口才还是在一个人的思
wéi pànduànlì shang dōu huì yǒu hěn dà de bāngzhù zhè shì yì bǐ wúxíng de
维、判断力上都会有很大的帮助，这是一笔无形的
cáifù
财富。

yào yǒu yí gè hǎo shíjī
2. 要有一个好时机

Yào láoláo zhuāzhù shídài gěi wǒmen chuàngzào de hǎo shíjī chōngfèn yùn-
要牢牢抓住时代给我们创造的好时机，充分运
yòng liánghǎo de yìngjiàn tiáojiàn yùnyòng zì jǐ de zhìhuì hǎohāor bǎwò jīyù
用良好的硬件条件，运用自己的智慧，好好儿把握机遇。
yǒushíhou jī yù gěi wǒmen dàilái de jiùshì cáifù wǒmen yào shēnzhī hǎo de shí-
有时候，机遇给我们带来的就是财富，我们要深知，好的时
jī shì bùkěnéng děng rén de
机是不可能等人的。

yào yǒu yí gè hǎo xiàngmù
3. 要有一个好项目

Yǒule hǎo de shíjī hái bìxū yào yǒu yí gè hǎo de xiàngmù yùnxíng Rúhé
有了好的时机，还必须要有一个好的项目运行。如何
xuǎnzé yí gè hǎo de xiàngmù jiù yào kàn nǐ rúhé gěi zì jǐ dìngwèi zěnyàng fēn-
选择一个好的项目，就要看你如何给自己定位，怎样分
xī shìchǎng de qiánzài néngliàng Wǒmen yīnggāi chōngfèn yùnyòng zì jǐ mǐnruì de
析市场的潜在能量。我们应该充分运用自己敏锐的
dòngchálì yùnyòng zì jǐ de dànǎo kǎochá zhěngge shìchǎng de qiánzài xūqiú
洞察力，运用自己的大脑，考察整个市场的潜在需求。
érqiě zài xuǎnzé xiàngmù shang qièjì gēnfēng hǎo xiàngmù bìxū shì yǒu shì-
而且，在选择项目上切忌跟风，好项目必须是有市
chǎng jìngzhēnglì de qiě shìhé zì jǐ zhōuwéi huánjìng de xiàngmù
场竞争力的且适合自己周围环境的项目。

yào yǒu zì jǐ dúdào de jīngyíng cèlüè
4. 要有自己独到的经营策略

Zài jùbèile shàngshù jǐ gè tiáojiàn zhīhòu chénggōng yǔfǒu zuìzhōng qǔjué
在具备了上述几个条件之后，成功与否最终取决
yú nǐ de gèrén xiāoshòu jīngyíng nénglì ér dúdào de jīngyíng cèlüè zé shì yì jiā
于你的个人销售经营能力，而独到的经营策略，则是一家
qǐyè qǔdé liánghǎo xiàoyì de zhìshèng fǎbǎo Chuàngyèzhě yào yǒu zì jǐ dúdào
企业取得良好效益的制胜法宝。创业者要有自己独到
de jīngyíng cèlüè búduàn zhuīqiú qǐyè de chuàngxīn yǔ chéngzhǎng qínfèn jiā nǔ-
的经营策略，不断追求企业的创新与成长，勤奋加努
lì zài jiāshàng jīyù jiù huì ràng wǒmen zǒushàng chénggōng zhī lù
力再加上机遇就会让我们走上成功之路。

四、背景知识

Duìyú tóushēn shānghǎi de rén lái shuō chuàngyè shì yí gè mèngxiǎng yǒu-
对于投身商海的人来说，创业是一个梦想，有
guān zhuānjiā zǒngjié chū chuàngyè de qī dà bìbèi tiáojiàn
关专家总结出创业的七大必备条件：

Chōngfèn de zīyuán Bāokuò rénlì hé cáilì chuàngyèzhě
1. 充分的资源（Resources）。包括人力和财力，创业者
yào jùbèi chōngzú de jīngyàn xuélì liúdòng zījīn shíjiān jīngshén hé yì lì
要具备充足的经验、学历、流动资金、时间、精神和毅力。

Kěxíng de gàiniàn Shēngyi gàiniàn búpà jiù zuì zhòngyào de shì
2. 可行的概念（Ideas）。生意概念不怕旧，最重要的是
kěxíng yǒu chángjiǔxìng kěyǐ jìxù kāifā kuòzhǎn
可行，有长久性，可以继续开发、扩展。

Shìdàng de jīběn jìnéng Tā búshì hángyè zhōng de yìbān jì-
3. 适当的基本技能（Skills）。它不是行业中的一般技
néng érshì tōngchángxìng de qǐyè guǎnlǐ jìnéng
能，而是通常性的企业管理技能。

Yǒuguān hángyè de zhīshi Bùnéng zhǐ táozuì yú zì jǐ de
4. 有关行业的知识（Knowledge）。不能只陶醉于自己的
lǐxiǎng
理想。

Cáizhì Chuàngyèzhě bù yídìng yào yǒu gāo zhìshāng dàn
5. 才智（Intelligence）。创业者不一定要有高智商，但
yào nénggòu shànyú bǎwò shíjī qù zuòchū míngquè de juédìng
要能够善于把握时机去做出明确的决定。

Wǎngluò hé guānxì Chuàngyèzhě xūyào yǒu rén bāngzhù hé
6. 网络和关系(Network)。创业者需要有人帮助和
zhīchí búduàn kuòdà péngyou wǎngluò hé dǎhǎo rénjì guānxì jīchǔ huì dàilái bù
支持,不断扩大朋友网络和打好人际关系基础会带来不
shǎo fāngbiàn
少方便。

quèdìng de mùbiāo Fēicháng qiǎo de shì jiāng qī dà tiáojiàn de
7. 确定的目标(Goal)。非常巧的是,将七大条件的
shǒu gè yīngwén zìmǔ chuàn zài yì qǐ qiàhǎo shì màoxiǎn yì cí
首个英文字母串在一起,恰好是"RISKING"(冒险)一词,
zhè yě fǎnyìng chū chuàngyè de fēngxiǎn
这也反映出创业的风险。

> 音节是语音的基本结构单位,也是人们从听觉上最容易分辨出来的语音片段。一般来讲,一个汉字的读音就是一个音节。儿化音节的书写形式例外。

项目15 成功故事

一、会话

tā shān zhī shí
他山之石

Gàosu nǐ wǒmen lǚyóu zhuānyè de tóngxué xiàwǔ yào zài lǐtáng
学生甲:"告诉你,我们旅游专业的同学下午要在礼堂
tīng yōuxiù bìyèshēng de chéngcái bàogào
听优秀毕业生的成才报告。"

ō wǒmen pēngrèn zhuānyè shàng gè xīngqīwǔ yě tīng le gěi wǒ-
学生乙:"噢,我们烹饪专业上个星期五也听了,给我
men zuò bàogào de shì yí gè xiànzài yōngyǒu duō jiā cānguǎn de dǒngshìzhǎng qù-
们作报告的是一个现在拥有多家餐馆的董事长,去
nián nàshuì sìshí duō wàn yuán hěn liǎobuqǐ ya
年纳税40多万元,很了不起呀。"

Zhēn xiǎngbudào a nǐmen pēngrèn bān de tóngxué tǐng yǒu chūxi
学生甲:“真想不到啊,你们烹饪班的同学挺有出息
de
的。”

Nà dāngrán āi nǐ zhīdào xiàwǔ shì sheí lái gěi nǐmen zuò bàogào
学生乙:“那当然。哎,你知道下午是谁来给你们作报告
ma
吗?”

Tīngshuō shì yí gè shànyú jièzhù zhōuwéi huánjìng lái shǐ zì jǐ shì-
学生甲:“听说是一个善于借助周围环境来使自己事
yè zǒuxiàng chénggōng de xiàoyǒu
业走向成功的校友。”

ō zhè jiù xiàng Xúnzǐ quànxué piān li shuō de jūnzǐ xìng fēi
学生乙:“噢,这就像《荀子·劝学》篇里说的‘君子性非
yì yě shàn jiǎ yú wù yě tā zhè yì zhāo yīnggāi jiào jiè jī -shēngdàn ba
异也,善假于物也’,他这一招应该叫‘借鸡生蛋’吧。”

Shì a wǒ juéde tā guānjiàn shì zhǎodàole yí gè néng gěi zì jǐ
学生甲:“是啊,我觉得他关键是找到了一个能给自己
dàilái shāngjī de jīn jī
带来商机的金鸡。”

Zhè huà zěnme jiǎng
学生乙:“这话怎么讲?”

Tā zuì kāishǐ shì zài lǚxíngshè wàiliánbù gōngzuò hòulái zì jǐ kāile
学生甲:“他最开始是在旅行社外联部工作,后来自己开了
jiājù gōngsī dàn zījīn shílì búgòu chǎngzi guīmó bú dà xiàoyì dīxià miànlín pò-
家具公司,但资金实力不够,厂子规模不大,效益低下,面临破
chǎn Tā jízhōngshēngzhì juédìng háishi jièlì jiù zhǎodàole yì jiā dà guīmó de
产。他急中生智,决定还是借力,就找到了一家大规模的
jiājùchǎng jìnxíng hézuò
家具厂进行合作。”

Nà xiànzài ne
学生乙:“那现在呢?”

Tā lìyòng guòqù de kèhù zīyuán jī jí kāituò shìchǎng dìngdān yuè
学生甲:“他利用过去的客户资源,积极开拓市场,订单越
lái-yuè duō shuāngfāng hùhuì hùlì qǔdéle shuāngyíng de xiàoguǒ nián lìrùn
来越多,双方互惠互利,取得了‘双赢’的效果,年利润
dá qiānwàn yuán
达千万元。”

Yō hái zhēn bù jiǎndān na Wǒmen dōu xiǎng chénggōng chéng-
学生乙："哟，还真不简单哪。我们都想成功，成
gōng láizì gǎnxiǎng gǎnzuò gǎn shībài
功来自敢想敢做敢失败。"

Duì hái tīngshuō yìxiē lǚyóu zhuānyè de shīxiōng-shījiěmen bìyè
学生甲："对，还听说一些旅游专业的师兄师姐们毕业
hòu zài zìjǐ de gōngzuò gǎngwèi shang biǎoxiàn chūsè yǒude chéngwéi jiǔdiàn de
后在自己的工作岗位上表现出色，有的成为酒店的
guǎnlǐ rényuán yǒude dāngxuǎn shěng yì jí de yōuxiù dǎoyóu wǒmen yào hǎo-
管理人员，有的当选省一级的优秀导游，我们要好
hāor xiàng tāmen xuéxí xuéxí
好儿向他们学习学习。"

二、语音点

（一）后响复元音韵母

jiè xié liè jiě bié niè
ie 借 协 烈 解 别 啮

mièshì diēluò qǐngtiě yì piē dǎnqiè xiěxìn shījiě
蔑视 跌落 请帖 一瞥 胆怯 写信 师姐

xué yuè què juē xué yuē
üe 学 越 却 撅 穴 曰

yuèliang juédìng xuéxí shāngquè juéjiàng
月亮 决定 学习 商榷 倔犟

（二）前鼻音韵母

xùn jūn qún yún xūn jùn
ün 训 菌 群 云 勋 竣

xùnsù jūnduì qúnzi yùnwèi xúnhuán jūnyún
迅速 军队 裙子 韵味 循环 均匀

三、练习

Yú Xuéhǎi nán èrshí suì yuán jiùdú yú Tiānjīn shì jìsuànjī zhíyè zhōng-
于学海，男，20岁，原就读于天津市计算机职业中
zhuān èrlíng-língyī nián zài xiào qījiān cānjiā wēiruǎn péixùn tóngnián dǐ qǔdé wēi-
专，2001年在校期间参加微软培训，同年底取得微
ruǎn rènzhèng xìtǒng gōngchéngshī hé wēiruǎn rènzhèng shùjùkù guǎnlǐ-
软认证系统工程师(MCSE)和微软认证数据库管理

yuán rènzhèng èrlíng-língèr nián zhōngzhí bìyè qiúzhí de shíhou yí lù
员(MCDBA)认证，2002年中职毕业，求职的时候一路
guòguān-zhǎnjiàng zuìzhōng chénggōng de bèi Tiānjīn Shì zuì dà de wǎngluò gōng-
过关斩将，最终成功地被天津市最大的网络公
sī Tiānjīn zhènglián gōngsī pìn wéi zǒngjīnglǐ Zhège xiāoxi yǐnqǐ le xuéxiào
司——天津正连公司聘为总经理。这个消息引起了学校
hé xīnwén méitǐ de guǎngfàn guānzhù yì shíjiān shíbā suì zhōngzhíshēng chéng-
和新闻媒体的广泛关注，一时间，“18岁中职生成
wéi zǒngjīnglǐ de huàtí hé bàodào guǎngwéi chuánsòng Shídài zài fāzhǎn zhuī-
为总经理”的话题和报道广为传颂。时代在发展，追
qiú yě zài shēnghuá Èrlíng-língsān nián Yú Xuéhǎi cíqùle gōngsī de zhíwù yìng-
求也在升华。2003年，于学海辞去了公司的职务，应
pìn dàole xiànzài Tiānjīn zuì dà de qìchē jùlèbù huáxīng běifāng qìchē jùlèbù
聘到了现在天津最大的汽车俱乐部——华星北方汽车俱乐部
qǐyè cèhuàbù rèn wǎngluò gùwèn Tā juéde yí gè rén bǎ zìjǐ de gōngzuò dàng-
企业策划部任网络顾问。他觉得一个人把自己的工作当
zuò zìjǐ de xìngqù hé àihào qù zhuīqiú yě shì yì zhǒng xìngfú yì zhǒng xiǎng-
做自己的兴趣和爱好去追求，也是一种幸福，一种享
shòu Yú Xuéhǎi de zuòyòumíng jīyù zǒngshì liúgěi yǒu zhǔnbèi de rén
受。于学海的座右铭——机遇总是留给有准备的人。

四、背景知识

Jìngzhēng cùshǐ rénmen mǎnhuái xīwàng zhāoqì-péngbó chōngfèn diàodòng
竞争促使人们满怀希望，朝气蓬勃，充分调动
shēnglǐ hé tǐlì shang de qiánnéng bùduàn qǔdé jīngshén shang hé xīnlǐ shang
生理和体力上的潜能，不断取得精神上和心理上
de mǎnzú Nàme rúhé yìngduì jīliè de jìngzhēng shǐ zìjǐ zǒuxiàng chénggōng
的满足。那么，如何应对激烈的竞争，使自己走向成功？
Zhuānjiā yǒu yǐxià jiànyì shǒuxiān yào zhǎnshì nǐ zuì yōuxiù de yímiàn ràng tóng-
专家有以下建议：首先，要展示你最优秀的一面，让同
shì hé shàngsi liǎojiě nǐ de cáinéng nǐ jiù néng dédào bǐ duìshǒu gèng duō de
事和上司了解你的才能，你就能得到比对手更多的
jīhuì dāng nǐ yǒu yǒngqì zǒushàng wǔtái bìng zhǎnshì chū bǐ duìshǒu gèng měi-
机会。当你有勇气走上舞台，并展示出比对手更美
miào de wǔzī jiù néng zài zhíyè wǔtái shang tiàochū zuì měi de wǔdǎo jiù huì
妙的舞姿，就能在职业舞台上跳出最美的舞蹈，就会

dédào zuì rèliè de zhǎngshēng Qícì yào bìmiǎn yǔ duìshǒu fāshēng zhèngmiàn
得到最热烈的掌声。其次，要避免与对手发生正面
chōngtū miànduì duìshǒu duōduō-bīrén zhī shì xū bǎochí lěngjìng xiǎnchū lǐzhì hé
冲突，面对对手咄咄逼人之势需保持冷静，显出理智和
yùshì búluàn de dàjiàng fēngdù huíbì duìshǒu de gōngjī yěxǔ huì gěi rén ruǎnruò
遇事不乱的大将风度，回避对手的攻击也许会给人软弱
kěqī de yìnxiàng dàn zhè zhǐshì zànshí de zài nàxiē nénggòu huìyǎn-shízhū de
可欺的印象，但这只是暂时的，在那些能够慧眼识珠的
shàngsi yǎn li duìshǒu de jiānkè qiàqià cóng cèmiàn fǎnchèn chū nǐ de dàdù Yǐ
上司眼里，对手的尖刻恰恰从侧面反衬出你的大度。以
wěiwǎn yòu bùbēi-bùkàng de tàidu huàjiě yǔ duìshǒu de zhèngmiàn chōngtū xùn-
委婉又不卑不亢的态度化解与对手的正面冲突，训
liàn zìjǐ chǔlǐ tūfā shìjiàn de yìngbiàn nénglì miànduì duìshǒu de dài tiǎoxìn sè-
练自己处理突发事件的应变能力，面对对手的带挑衅色
cǎi de yánxíng bǎochí lěngjìng yě jiǎntǎo zìjǐ de suǒzuò-suǒwéi shìfǒu gěi duì-
彩的言行，保持冷静，也检讨自己的所作所为是否给对
shǒu dàiláile tiǎoqǐ zhēngduān de jīhuì xiǎoxīn xíngshì yǔ shìdù de chénmò huì
手带来了挑起争端的机会，小心行事与适度的沉默会
shěngqù xǔduō máfan hé gāngà Zuìhòu háiyào yōngyǒu yì kē kuānróng de xīn
省去许多麻烦和尴尬。最后，还要拥有一颗宽容的心，
zhèyàng zài miànduì nǐ de jìngzhēng duìshǒu de shíhou nǐ yě kěyǐ wēixiàozhe
这样，在面对你的竞争对手的时候，你也可以微笑着
yíngjiē tiǎozhàn chénggōngle yíngdé huīhuáng jíshǐ shībàile yě tóngyàng měilì
迎接挑战，成功了，赢得辉煌，即使失败了，也同样美丽。

舌尖元音韵母 i(前)：发音时舌尖前伸接近上齿背，气流通路虽狭窄，但气流经过时不发生摩擦，唇形不圆。i(前)在音节中出现在舌尖前声母 z、c、s 后面，叫舌尖元音韵母。

单元 4 旅游知识篇

导 读

本篇重点介绍了世界遗产、我国的世界遗产项目与旅游资源及特点，学习时要充分感受我国优秀的旅游资源魅力。

语音点重点训练：前鼻音韵母 in en an uan üan、后鼻音韵母 eng ang ing ong iang uang ueng、前响复元音韵母 ao ai、中响复元音韵母 iao uai，并对舌面音声母 j q x、舌尖中音声母 n l 等语音点进行训练。

项目 16 世界遗产

一、会话

wǒguó dì sānshíyī chù shìjiè yíchǎn
我国第31处世界遗产

àomén lìshǐ chéngqū
——澳门历史城区

Zuìjìn kàn xīnwén le ma Wéiqī bā tiān de dì-èrshíjiǔ jiè shìjiè
学生甲：“最近看新闻了吗？为期八天的第二十九届世界

yíchǎn dàhuì qī yuè shíqī rì zài Nánfēi dōngbù gǎngkǒu chéngshì Débān bì
遗产大会7月17日在南非东部港口城市德班闭

mù le
幕了。”

Kàndào le érqiě huìyì hái juédìng jiāng wǒguó Aomén lìshǐ
学生乙：“看到了，而且会议还决定，将我国‘澳门历史

chéngqū zuòwéi shìjiè wénhuà yíchǎn lièrù shìjiè yíchǎn mínglù
城区'作为世界文化遗产列入《世界遗产名录》。"

Lǎoshī wǒ jì de dì-èrshíbā jiè shìjiè yíchǎn dàhuì shì zài wǒguó Sūzhōu jǔxíng de duì ma
学生甲:"老师,我记得第二十八届世界遗产大会是在我国苏州举行的,对吗?"

Shì de Gè guó dàibiǎo dōu duì zài wǒguó jǔxíng de zhè yí jiè shìjiè yíchǎn dàhuì píngjià fēicháng gāo ne
老师:"是的。各国代表都对在我国举行的这一届世界遗产大会评价非常高呢!"

Lǎoshī shìjiè yíchǎn dàhuì shì shéi jǔbàn de Zhǔyào tǎolùn shénme nèiróng ne
学生乙:"老师,世界遗产大会是谁举办的?主要讨论什么内容呢?"

Liánhéguó Jiàokēwén Zǔzhī Shìjiè Yíchǎn Wěiyuánhuì měi nián zhàokāi yí cì huìyì zhǔyào juédìng nǎxiē yíchǎn kěyǐ lièrù shìjiè yíchǎn mínglù bìng duì yǐ lièrù mínglù de shìjiè yíchǎn de bǎohù gōngzuò jìnxíng jiāndū zhǐdǎo
老师:"联合国教科文组织世界遗产委员会每年召开一次会议,主要决定哪些遗产可以列入《世界遗产名录》,并对已列入名录的世界遗产的保护工作进行监督指导。"

Shénme shì shìjiè yíchǎn ne
学生甲:"什么是世界遗产呢?"

Liánhéguó Jiàokēwén Zǔzhī chéngyuánguó yú yījiǔ-qīèr nián chàngdǎo bìng dìjié le bǎohù shìjiè wénhuà hé zìrán yíchǎn gōngyuē Dìyuēguó nèi de wénhuà hé zìrán yíchǎn yóu dìyuēguó shēnbào jīng Shìjiè Yíchǎn Zhōngxīn zǔzhī quánwēi zhuānjiā kǎochá pínggū Shìjiè Yíchǎn Wěiyuánhuì zhǔxítuán huìyì chūbù shěnyì zuìhòu jīng gōngyuē dìyuēguó dàhuì tóupiào tōngguò bìng lièrù shìjiè yíchǎn mínglù lièrù shìjiè yíchǎn mínglù de wénhuà yíchǎn jiù chēngwéi shìjiè wénhuà yíchǎn Tā bāokuò wénhuà yíchǎn zìrán yíchǎn wénhuà zìrán shuāngchóng yíchǎn hé wénhuà jǐngguān
老师:"联合国教科文组织成员国于1972年倡导并缔结了《保护世界文化和自然遗产公约》。缔约国内的文化和自然遗产,由缔约国申报,经世界遗产中心组织权威专家考察、评估,世界遗产委员会主席团会议初步审议,最后经公约缔约国大会投票通过并列入《世界遗产名录》,列入《世界遗产名录》的文化遗产就称为世界文化遗产。它包括文化遗产、自然遗产、文化自然双重遗产和文化景观。"

àomén lìshǐ chéngqū shì yīnwèi nǎxiē tiáojiàn fúhé shìjiè
学生乙："'澳门历史城区'是因为哪些条件符合世界
wénhuà yíchǎn yāoqiú ér rùxuǎn shìjiè yíchǎn mínglù de ne
文化遗产要求而入选《世界遗产名录》的呢?"

àomén lìshǐ chéngqū shì Zhōngguó jìngnèi xiàncún niándài zuì yuǎn
老师："'澳门历史城区'是中国境内现存年代最远、
guīmó zuì dà bǎocún zuì wánzhěng hé zuì jízhōng de zhōng-xī jiànzhù hùxiāng huī-
规模最大、保存最完整和最集中的中西建筑互相辉
yìng de lìshǐ chéngqū yě shì èrlíng-língwǔ nián wǒguó shēnbào de wéiyī de shìjiè
映的历史城区,也是2005年我国申报的唯一的世界
yíchǎn xiàngmù Tā yǐ àomén jiù chéngqū wéi héxīn tōngguò xiānglín de guǎng
遗产项目。它以澳门旧城区为核心,通过相邻的广
chǎng hé jiēdào lián wéi yì tǐ qízhōng de gǔ jiànzhù yǒu èrshí duō gè chéngwéi
场和街道连为一体,其中的古建筑有二十多个,成为
Zhōngguó dì sānshíyī chù shìjiè yíchǎn
中国第31处世界遗产。"

Wǒmen dǎoyóu zhuānyè de xuésheng yīnggāi duō liǎojiě
学生甲、学生乙："我们导游专业的学生应该多了解
zhè fāngmiàn de zhīshi xièxie lǎoshī
这方面的知识,谢谢老师。"

二、语音点

舌面音声母

jìn jiè jué jiāng jǔ jià
j 近 届 决 将 举 价
jìnbù tiáojiàn jìngnèi jiǔyuǎn jízhōng jiāndū
进步 条件 境内 久远 集中 监督

qī qiě qū quán qiú qióng
q 期 且 区 全 球 琼
qúndǎo quánwēi qiānwàn quèshí qīnqiē qiǎohé
群岛 权威 千万 确实 亲切 巧合

xué xīn xiāng xié xù xí
x 学 新 相 协 续 席
xiàncún rùxuǎn héxīn xièxie xíngzhuàng xiágǔ
现存 入选 核心 谢谢 形状 峡谷

三、练习

Yǐsèliè de Tèlāwéifū shì Dìzhōnghǎi yán'àn de yí zuò měilì chéngshì nàlǐ
以色列的特拉维夫是地中海沿岸的一座美丽城市,那里

bùjǐn yōngyǒu mírén de shātān gèng yǒu xǔduō dútè de jiànzhù ràng rén liúlián-
不仅拥有迷人的沙滩，更有许多独特的建筑，让人流连
wàngfǎn Liánhéguó Jiàokēwén Zǔzhī jiāng qí zhèngshì liè rù le shìjiè wénhuà yí-
忘返，联合国教科文组织将其正式列入了世界文化遗
chǎn Jù liǎojiě Tè lāwéifū mùqián shì Liánhéguó Jiàokēwén Zǔzhī pīzhǔn jìnrù shì-
产。据了解，特拉维夫目前是联合国教科文组织批准进入世
jiè wénhuà yíchǎn mínglù de dì-èr zuò xiàndàihuà chéngshì
界文化遗产名录的第二座现代化城市。

Zuòluò zài Dìzhōnghǎi yán'àn de Tè lāwéifū shì Yǐsèliè dì-yī gè xiàndàihuà
坐落在地中海沿岸的特拉维夫，是以色列第一个现代化
de chéngshì ér zài Tè lāwéifū de zhòngduō xiàndàihuà chéngshì jiànzhù zhōng yǐ
的城市。而在特拉维夫的众多现代化城市建筑中，以
Déguó de Bāoháo sī jiànzhù fēnggé zuì jù dàibiǎoxìng Jù tǒngjì zhěnggè
德国的“包豪斯”建筑风格最具代表性。据统计，整个
chéngshì yuē yǒu sìqiān duō zuò Bāoháosīshì jiànzhù yě zhèng yīnwèi rú cǐ Lián-
城市约有4,000多座包豪斯式建筑，也正因为如此，联
héguó Jiàokēwén Zǔzhī jiāng Tè lāwéifū zhèngshì liè rù le shìjiè yíchǎn mínglù
合国教科文组织将特拉维夫正式列入了《世界遗产名录》。

Zǒuguò yí piàn línyīn dàdào rénmen fǎngfú jìnrùle lìng yí gè shìjiè Yǔ zhè
走过一片林荫大道，人们仿佛进入了另一个世界。与这
zuò chōngmǎn xiàndài qì xī de chéngshì xiāngbǐ bāoháosī jiànzhùqún dàigěi rén-
座充满现代气息的城市相比，包豪斯建筑群带给人
men de shì gèng duō de níngjìng hé xiánghé
们的是更多的宁静和祥和。

Bāoháosī jiànzhù fēnggé qǐyuán yú Déguó zhùmíng jiànzhù dàshī Luópíwūsī
包豪斯建筑风格起源于德国著名建筑大师罗皮乌斯
shèlì de gōnglì bāoháosī xuéxiào shì xíngchéng yú èrshí shìjì èrshí niándài de
设立的“公立包豪斯学校”，是形成于20世纪20年代的
xiàndài jiànzhùxué zhōng de yí gè zhòngyào pàibié xiàndài zhǔyì jiànzhù de dài-
现代建筑学中的一个重要派别——现代主义建筑的代
biǎo zhǔzhāng shìyìng xiàndài dàgōngyè shēngchǎn hé shēnghuó xūyào yǐ jiǎng-
表，主张适应现代大工业生产和生活需要，以讲
qiú jiànzhù gōngnéng jìshù hé jīngjì xiàoyì wéi tèzhēng Hé fù lì tánghuáng de
求建筑功能、技术和经济效益为特征。和富丽堂皇的
dàshà bùtóng tā de tèsè zhǔyào zàiyú yǐ fēicháng jīngjì de shǒuduàn biǎoxiàn
大厦不同，它的特色主要在于以非常经济的手段，表现

chū yánsù ér yōuměi de jǐhé xíngshì shèjì fēnggé
出严肃而优美的几何形式设计风格。

四、背景知识

Liánhéguó Jiàokēwén Zǔzhī Shìjiè Yíchǎn Wěiyuánhuì shì zhèngfǔ jiān zǔzhī
联合国教科文组织世界遗产委员会是政府间组织，
chénglì yú yījiǔ-qīliù nián shíyī yuè yóu yībǎi-qīshíliù gè bǎohù shìjiè wénhuà yíchǎn
成立于1976年11月，由176个《保护世界文化遗产
hé zìrán yíchǎn gōngyuē dìyuēguó zhōng de èrshíyī gè guójiā zǔchéng fùzé bǎo-
和自然遗产公约》缔约国中的21个国家组成，负责《保
hù shìjiè wénhuà hé zìrán yíchǎn gōngyuē de shíshī Wěiyuánhuì měi nián zhàokāi
护世界文化和自然遗产公约》的实施。委员会每年召开
yí cì huìyì zhǔyào juédìng nǎxiē yíchǎn kěyǐ lièrù shìjiè yíchǎn mínglù duì yǐ
一次会议，主要决定哪些遗产可以列入《世界遗产名录》，对已
lièrù mínglù de shìjiè yíchǎn de bǎohù gōngzuò jìnxíng jiāndū zhǐdǎo Wěiyuánhuì
列入名录的世界遗产的保护工作进行监督指导。委员会
chéngyuán měi jiè rènqī liù nián měi liǎng nián gǎixuǎn qízhōng de sān fēn zhī yī
成员每届任期6年，每两年改选其中的三分之一。
Wěiyuánhuì nèi yóu qī míng chéngyuán gòuchéng shìjiè yíchǎn wěiyuánhuì zhǔxí-
委员会内由7名成员构成世界遗产委员会主席
tuán měi nián jǔxíng liǎng cì huìyì chóubèi wěiyuánhuì de gōngzuò Shìjiè yí-
团，每年举行两次会议，筹备委员会的工作。世界遗
chǎn biāozhì yóu lánsè xiàntiáo gōulè chū de dàibiǎo dàzìrán de yuánxíng yǔ rénlèi
产标志由蓝色线条勾勒出的代表大自然的圆形与人类
chuàngzào de xíngzhuàng fāngxíng xiāngxì-xiānglián de tú'àn jí shìjiè yíchǎn de
创造的形状方形相系相连的图案及“世界遗产”的
zhōng-yīngwén zìyàng gòuchéng
中英文字样构成。

舌面音声母

舌面音声母j q x：舌面前部抵住或接近硬腭前部阻碍气流而形成，发音部位是舌面前部和硬腭前部。

项目 17 中国的世界文化遗产

一、会话

Huángshān qíjǐng
黄 山 奇景

Hēi nǐ kuài kàn duōme shénqí de jǐngsè a
甲：“嗨，你 快 看，多么 神奇 的 景色 啊！”

Shì a zhēn shì tài měi le
乙：“是 啊，真 是 太 美 了！”

Gè wèi yóukè qǐng kàn yòubian zhè shì Huángshān sān dà zhǔfēng
导游：“各 位 游客 请 看 右边，这 是 黄 山 三 大 主峰
zhī yī de Tiāndūfēng yě shì zuì dǒu de yí zuò shānfēng gāodù shì yīqiān-bābǎi
之 一 的 天都峰，也 是 最 陡 的 一 座 山峰，高度 是 1800
mǐ Zài wǒmen de zuǒbian shì Liánhuāfēng gāodù shì yīqiān-bābǎi-liùshí mǐ tā shì
米。在 我们 的 左边 是 莲花 峰，高度 是 1860 米，它 是
Huángshān de zuì gāofēng fēngdǐng shì yí kuài jǐn jǐn liù mǐ jiànfāng de yánshí Zài
黄 山 的 最 高峰，峰 顶 是 一 块 仅仅 6 米 见 方 的 岩石。在
Liánhuāfēng péngyoumen hái néng kàndào yì xiē wénmíng-xiá 'ěr de sōngshù rú
莲花 峰，朋友 们 还 能 看到 一些 闻 名 遐迩 的 松 树，如
fēilóngsōng hé shuānglóngsōng
‘飞 龙 松’和‘双 龙 松’。”

Tīng qǐlai zhēn shì hěn yǒu xīyǐn lì a Nà wǒmen xiān qù dēng zuì gāo
甲：“听 起来 真 是 很 有 吸引力 啊。那 我们 先 去 登 最 高
fēng hǎo ma
峰 好 吗？”

Jīntiān shì yīntiān fēicháng hǎo shìhé dēngshān nà wǒmen zǒu ba
乙：“今天 是 阴天，非 常 好，适合 登 山，那 我们 走 吧。”

Nǐmen néng zài shí 'èr diǎn qián huídào zhèr ma Yīnwèi wǒmen
导游：“你们 能 在 十 二 点 前 回到 这儿 吗？因为 我们
jiāng zài yùpínglóu bīnguǎn chī wǔcān
将 在 玉屏 楼 宾 馆 吃 午餐。”

Hǎo de wǒmen yídìng zài nín yāoqiú de shíjiān nèi huílái zàijiàn
甲、乙：“好 的，我们 一定 在 您 要求 的 时间 内 回来，再见。”

Zàijiàn qǐng zhùyì ānquán
导游："再见，请 注意 安 全 。"

二、语音点

（一）前鼻音韵母

jǐn qín nín yīn bīn mǐn
in 仅 秦 您 阴 宾 敏

Kǒng lín língqǐn yīnwèi jīn tiān pīnbó xīn chǎnpǐn
孔林 陵寝 因为 今天 拼搏 新产品

shén wén zhēn men fēn běn
en 神 闻 真 们 分 本

bēnpǎo pēnquán dàmén shùgēn kěndìng hěnxīn
奔跑 喷泉 大门 树根 肯定 狠心

（二）后鼻音韵母

bīng qǐng dǐng míng píng líng
ing 兵 请 顶 名 屏 陵

jǐngsè píngyáo Qīngmíng liángtíng língtīng yídìng
景色 平遥 清明 凉亭 聆听 一定

fēng néng chéng kēng zhèng shèng
eng 峰 能 城 坑 正 胜

dēngshān gǔchéng téngfēi péngyou réngrán shēnghuó
登山 古城 腾飞 朋友 仍然 生活

wēng wěng wèng wèng
ueng 翁 蓊 瓮 蕹

三、练习

Gùgōng bówùyuàn zhè zuò mén jiào tàihémén mén qián yǒu yí duì shí shīzi
故宫博物院这座门叫太和门，门前有一对石狮子，
dōngmiàn de shì xióngshī qiánjiǎo cǎizhe yí gè xiùqiú xiàngzhēng quánlì xīmiàn
东面的是雄狮，前脚踩着一个绣球，象征权力，西面
de shì císhī qiánjiǎo fǔnòngzhe yì zhī xiǎo shīzi xiàngzhēng zǐ sì chāngshèng
的是雌狮，前脚抚弄着一只小狮子，象征子嗣昌盛。
Mén páng suǒ lì de tú shì Gùgōng píngmiàntú Gùgōng shì yóu qiáncháo hé nèi-
门旁所立的图是故宫平面图。故宫是由前朝和内
tíng liǎng bùfen zǔchéng de Qiáncháo yǐ sān dà diàn wéi zhǔ shì huángdì fābù
廷两部分组成的。前朝以三大殿为主，是皇帝发布

zhènglìng hé jǔxíng dàdiǎn de dìfang Sān dà diàn hòu shì nèitíng yǒu qiánqīng-
政令和举行大典的地方。三大殿后是内廷，有乾清
gōng jiāotàidiàn kūnnínggōng yùhuāyuán jí dōng xī liù gōng děng zhèli shì huáng-
宫、交泰殿、坤宁宫、御花园及东西六宫等，这里是皇
dì chǔlǐ zhèngwù jūzhù xiǎnglè de dìfang
帝处理政务、居住享乐的地方。

Qiánqīnggōng nèi gāoxuánzhe zhèngdà-guāngmíng biǎn biǎn hòu shì cáng
乾清宫内高悬着“正大光明”匾，匾后是藏
mìmì lìchǔxiá de dìfang
秘密立储匣的地方……

四、背景知识

Zhōngguó de shìjiè wénhuà yíchǎn yǒu Míng Qīng huánggōng Běijīng gù-
中国的世界文化遗产有：明清皇宫（北京故
gōng Shěnyáng gùgōng Yíhéyuán Chángchéng Tiāntán Chéngdé Bìshǔ
宫、沈阳故宫），颐和园，长城，天坛，承德避暑
Shānzhuāng jí zhōuwéi sìmiào Píngyáo gǔchéng Zhōukǒudiàn Běijīngrén yízhǐ
山庄及周围寺庙，平遥古城，周口店北京人遗址，
Lìjiāng gǔchéng Sūzhōu gǔdiǎn yuánlín Qínshǐhuánglíng jí bīngmǎyǒngkēng Dà-
丽江古城，苏州古典园林，秦始皇陵及兵马俑坑，大
zú shíkè Wǔdāngshān gǔjiànzhù Mògāokū Bùdálāgōng Dàzhāosì Luóbùlín-
足石刻，武当山古建筑，莫高窟，布达拉宫（大昭寺、罗布林
kǎ Lóngmén shíkū Qūfù Kǒngmiào Kǒnglín Kǒngfǔ Míng Qīng huángjiā
卡），龙门石窟，曲阜孔庙、孔林、孔府，明清皇家
língqǐn Míng xiǎnlíng Qīng dōnglíng Qīng xīlíng Míng xiàolíng Shísān líng
陵寝（明显陵、清东陵、清西陵、明孝陵、十三陵、
Shèngjīng sānlíng Qīngchéngshān Dūjiāngyàn Wǎnnán gǔcūnluò Yúngāng
盛京三陵），青城山－都江堰，皖南古村落，云冈
shíkū Zhōngguó Gāogōulì wángchéng wánglíng jí guìzú mùzàng àomén lìshǐ
石窟，中国高句丽王城、王陵及贵族墓葬，澳门历史
chéngqū děng
城区等。

Zhōngguó de shìjiè zìrán yíchǎn yǒu Wǔlíngyuán Jiǔzhàigōu Huánglóng
中国的世界自然遗产有：武陵源、九寨沟、黄龙，
Sānjiāngbìngliú děng
三江并流等。

Zhōngguó de shìjiè wénhuà hé zìrán shuāngchóng yíchǎn yǒu Tàishān
中国的世界文化和自然双重遗产有：泰山、

Huángshān É méishān Lèshān dàfó Wǔyíshān
黄山、峨眉山-乐山大佛、武夷山。

Zhōngguó de wénhuà jǐngguān yǒu Lúshān Wǔtáishān Xī hú
中国的文化景观有：庐山、五台山、西湖。

前鼻音韵母 an en in ün ian uan uen üan：发音时先发元音，紧接着软腭下降，舌尖抵住上齿背发不除阻的 n，整个韵母发音完毕才除阻。

项目 18 中国的旅游资源

一、会话

yóulǎn zǔguó qíshān-yìshuǐ
游览祖国奇山异水

Nǐ hǎo hǎojiǔ bújiàn
甲："你好，好久不见。"

Nǐ hǎo Zìcóng shàngcì zìzhùyóu huílai zhīhòu hái zhēn méi zài jiànguo nǐ ne
乙："你好。自从上次自助游回来之后还真没再见过你呢。"

Wǒmen hē diǎn chá ba nǐ xiǎng hē shénme chá ne
甲："我们喝点茶吧，你想喝什么茶呢？"

Wǒ kàn wǒmen háishi lái yì hú wǒmen Fújiàn de tiěguānyīn ba
乙："我看我们还是来一壶我们福建的铁观音吧。"

Hǎo de Fúwùyuán gěi wǒmen lái yì hú tiěguānyīn
甲："好的。服务员，给我们来一壶铁观音。"

zuìjìn nǐ yòu qù nǎr lǚxíng le ma
乙："最近你又去哪儿旅行了吗？"

Dài jiārén qù Guìlín wánle jǐ tiān
甲："带家人去桂林玩了几天。"

ò wǒ hái méi qùguo Guìlín ne kuài gěi wǒ shuōshuo gǎnshòu
乙："哦。我还没去过桂林呢，快给我说说，感受

rúhé
如何?”

Guìlín de shān hěn qítè gè bù xiānglián yǒude xiàng lǎorén yǒude
甲:“桂林的山很奇特,各不相连,有的像老人,有的
xiàng dàxiàng yǒude xiàng luòtuo xíngtài wànqiān érqiě yě hěn xiùlì xiàng cuì-
像大象,有的像骆驼,形态万千,而且也很秀丽,像翠
lǜ de píngzhàng dàoyìng zài shuǐ zhōng ràng nǐ gǎndào xiàng shì zǒujìnle liánmián-
绿的屏障倒映在水中,让你感到像是走进了连绵
búduàn de huàjuàn zhēn shì zhōu xíng bìbō shàng rén zài huà zhōng yóu
不断的画卷,真是‘舟行碧波上,人在画中游’。”

zhēn shì tài měi le nánguài rénmen dōu shuō Guìlín shānshuǐ jiǎ tiān-
乙:“真是太美了,难怪人们都说‘桂林山水甲天
xià ne
下’呢。”

Nǐ yòu xiǎng qù nǎr lǚyóu a
甲:“你又想去哪儿旅游啊?”

Wǔ-yī huángjīnzhōu kuài dào le shì xiǎng chūqù wánwan kě dì-
乙:“‘五一’黄金周快到了,是想出去玩玩,可地
diǎn yìzhí dìng bú xiàlai
点一直定不下来。”

Shì a kě wán de dìfang tài duō le yǒu Chángjiāng Sānxiá yóu
甲:“是啊,可玩的地方太多了,有长江三峡游、
Huánghé fēngqíng yóu jiāngnán shuǐxiāng yóu zōngjiào wénhuà yóu hǎiyùn hú-
黄河风情游、江南水乡游、宗教文化游、海韵湖
guāng dùjià yóu xīnán shǎoshù mínzú fēngqíng yóu bīngxuě fēngguāng yóu sī-
光度假游、西南少数民族风情游、冰雪风光游、丝
chóu zhī lù yóu Tiāo yí gè zuì xiàngwǎng de dìfang gǎnshòu yíxià bei
绸之路游…… 挑一个最向往的地方感受一下呗。”

shì a wǒ děi hǎohāor hé fūren shāngliang yíxià
乙:“是啊,我得好好儿和夫人商量一下。”

二、语音点

(一)边鼻音声母

néng nián nǔ níng nán
n 能 年 努 宁 难

nǎlǐ nǐhǎo nuòyán nóngdù nàilì nǎonù
哪里 你好 诺言 浓度 耐力 恼怒

lǚ lèi lì lì liè liáo
l 旅 类 力 利 猎 疗
Dà lǐ Líjiāng Liáochéng Lèshān Lāsà Liǔzhōu
大理 漓江 聊城 乐山 拉萨 柳州

(二)前响复元音韵母

hǎo máo páo shào lǎo dào
ao 好 毛 袍 绍 老 到
ànzhào bǎodìng hàodà shǎoshù zhàoqìng cháozhōu
按照 保定 浩大 少数 肇庆 潮州

(三)中响复元音韵母

liáo biǎo liǎo jiào xiào yáo
iao 聊 表 了 教 效 遥
yīliáo diàodòng miáoxiě piāodàng niǎor qiǎohé
医疗 调动 描写 飘荡 鸟儿 巧合

三、练习

Zhōngguó lìshǐ wénhuà míngchéng
中国 历史 文化 名城

Běijīng Tiānjīn Shànghǎi Chóngqìng
北京 天津 上海 重庆
Héběi Chéngdé Bǎodìng Zhèngdìng Hándān
河北：承德、保定、正定、邯郸
Shānxī Dàtóng Píngyáo Xīnjiàng Dàixiàn
山西：大同、平遥、新绛、代县
Nèiménggǔ Hūhéhào tè
内蒙古：呼和浩特
Hēilóngjiāng Hā'ěrbīn
黑龙江：哈尔滨
Jílín Jílín Jí'ān
吉林：吉林、集安
Liáoníng Shěnyáng
辽宁：沈阳
Jiāngsū Nánjīng Xúzhōu Sūzhōu Yángzhōu Zhènjiāng Chángshú Huái'ān
江苏：南京、徐州、苏州、扬州、镇江、常熟、淮安
Zhèjiāng Hángzhōu Shàoxīng Níngbō Qúzhōu Línhǎi
浙江：杭州、绍兴、宁波、衢州、临海
Ānhuī Shè xiàn Shòuxiàn Bózhōu
安徽：歙县、寿县、亳州

Fújiàn Quánzhōu Fúzhōu Zhāngzhōu Chángtīng
福建：泉州、福州、漳州、长汀

Jiāngxī Nánchāng Jǐngdézhèn Gànzhōu
江西：南昌、景德镇、赣州

Shāndōng Jǐnán Qūfù Qīngdǎo Liáochéng Zōuchéng Zībó
山东：济南、曲阜、青岛、聊城、邹城、淄博

Hénán Zhèngzhōu Luòyáng Kāifēng Ānyáng Nányáng Shāngqiū Xùnxiàn
河南：郑州、洛阳、开封、安阳、南阳、商丘、浚县

Húběi Wǔhàn Jiānglíng Xiāngfán Suízhōu Zhōngxiáng
湖北：武汉、江陵、襄樊、随州、钟祥

Húnán Chángshā Yuèyáng Fènghuáng
湖南：长沙、岳阳、凤凰

Guǎngdōng Guǎngzhōu Cháozhōu Zhàoqìng Fóshān Méizhōu Léizhōu
广东：广州、潮州、肇庆、佛山、梅州、雷州

Guǎngxī Guìlín Liǔzhōu
广西：桂林、柳州

Hǎinán Qióngshān
海南：琼山

Sìchuān Chéngdū Làngzhōng Yíbīn Zìgòng Lèshān Dūjiāngyàn Lúzhōu
四川：成都、阆中、宜宾、自贡、乐山、都江堰、泸州

Guìzhōu Zūnyì Zhènyuǎn
贵州：遵义、镇远

Yúnnán Kūnmíng Dàlǐ Lìjiāng Jiànshuǐ Wēishān
云南：昆明、大理、丽江、建水、巍山

Xīzàng Lāsà Rìkāzé Jiāngzī
西藏：拉萨、日喀则、江孜

Shǎnxī Xī'ān Yán'ān Hánchéng Yúlín Xiányáng Hànzhōng
陕西：西安、延安、韩城、榆林、咸阳、汉中

Gānsù Wǔwēi Zhāngyè Dūnhuáng Tiānshuǐ
甘肃：武威、张掖、敦煌、天水

Qīnghǎi Tóngrén
青海：同仁

Níngxià Yínchuān
宁夏：银川

Xīnjiāng Kāshí
新疆：喀什

四、背景知识

Wǒguó lǚyóu zīyuán shífēn fēngfù àn chuántǒng lǚyóu zīyuán guān fēnlèi
我国旅游资源十分丰富，按传统旅游资源观分类，
bāokuò zìrán jǐngguān zīyuán rénwén jǐngguān zīyuán mínsú fēngqíng zīyuán
包括自然景观资源、人文景观资源、民俗风情资源、
chuántǒng yǐnshí zīyuán wénhuà zīyuán hé gōngyìpǐn zīyuán yǐ jí dūshì hé tián-
传统饮食资源、文化资源和工艺品资源，以及都市和田
yuán fēngguāng zīyuán děng Ànzhào xiàndài lǚyóu chǎnyè zīyuánguān fēn bāo-
园风光资源等。按照现代旅游产业资源观分，包
kuò guānguāngxíng lǚyóu zīyuán dùjiàxíng lǚyóu zīyuán shēngtài lǚyóu zīyuán
括观光型旅游资源、度假型旅游资源、生态旅游资源
hé huáxuě dēngshān tànxiǎn shòuliè děng tèzhǒng lǚyóu zīyuán jí měishí
和滑雪、登山、探险、狩猎等特种旅游资源，及美食、
xiūxué yīliáo bǎojiàn děng zhuānxiàng lǚyóu zīyuán Cóng yījiǔ-jiǔèr nián qǐ guó-
修学、医疗保健等专项旅游资源。从 1992 年起，国
jiā lǚyóujú jièjiàn guójì shang jǔbàn dàxíng zhǔtínián huódòng de chénggōng jīng-
家旅游局借鉴国际上举办大型主题年活动的成功经
yàn kāishǐ jǔbàn xìliè lǚyóunián huódòng zài tuīdòng lǚyóu zīyuán de shēn céng-
验，开始举办系列旅游年活动，在推动旅游资源的深层
cì kāifā zēngqiáng wǒguó lǚyóu chǎnpǐn zài guójì shang de jìngzhēng lì děng
次开发、增强我国旅游产品在国际上的竞争力等
fāngmiàn qǔdéle xiǎnzhù chéngxiào rú jiǔèr-nián Zhōngguó yǒuhǎo guānguāng-
方面取得了显著成效，如“’92 中国友好观光
nián jiǔsān-nián Zhōngguó shānshuǐ fēngguāngyóu jiǔsì-nián Zhōngguó wén
年”“’93 中国山水风光游”“’94 中国文
wù gǔjì yóu jí jiǔwǔ-nián Zhōngguó mínsú fēngqíng yóu
物古迹游”及“’95 中国民俗风情游”……

前响复元音韵母 ai ei ao ou：这 4 个韵母的共同特点是，发音时前头的元音清晰响亮，是韵腹（主要元音）；后头的元音含混，音值不太固定，是韵尾。

项目19 中国的旅游精华

一、会话

Xīhú měijǐng
西湖美景

Rénmen cháng shuō shàng yǒu tiāntáng xià yǒu sū–háng zhè jù
甲："人们常说'上有天堂，下有苏杭'，这句
huà chōngfèn xiǎnshìle zhè liǎng zuò chéngshì de měi ér Hángzhōu de měi yòu yǔ
话充分显示了这两座城市的美，而杭州的美又与
Xīhú lián zài yì qǐ
西湖连在一起。"

Wǒ tīngshuō Xīhú yǒu shí dà měijǐng dōu shì nǎ shí dà měijǐng
乙："我听说西湖有十大美景，都是哪十大美景？"

Zhè shí jǐng shì sū dī-chūnxiǎo píng hú-qiūyuè huā gǎng-guān yú
甲："这十景是苏堤春晓、平湖秋月、花港观鱼、
liǔ làng-wényīng shuāngfēng-chāyún sāntán-yìnyuè léi fēng- xīzhào nánpíng-wǎn
柳浪闻莺、双峰插云、三潭印月、雷峰夕照、南屏晚
zhōng qǔyuàn-fēnghé hé duànqiáo-cánxuě
钟、曲院风荷和断桥残雪。"

Wǒmen jīntiān néng kànwán zhè shí jǐng ma
乙："我们今天能看完这十景吗？"

Wǒ xiǎng wǒmen yīnggāi néng kàndào qízhōng dà bùfen Xīhú sān miàn
甲："我想我们应该能看到其中大部分。西湖三面
wéi shānfēng huánrào zhǐyǒu dōngmiàn lín chéng hú zhōng yǒu sì dǎo ne Wā
为山峰环绕，只有东面临城，湖中有四岛呢。哇，
yǎnqián wǒmen suǒ kàndào de yīnggāi jiùshì měilì de Xīhú ba
眼前我们所看到的应该就是美丽的西湖吧！"

Duōme mírén de hú a Tīngshuō tā de shuǐmiàn miànjī wéi wǔdiǎn-liù
乙："多么迷人的湖啊！听说它的水面面积为 5.6
píngfāng gōnglǐ Húshuǐ píngjūn shēndù wéi yīdiǎn-wǔ mǐ zuì shēnchù yǒu èrdiǎn-bā
平方公里。湖水平均深度为 1.5 米，最深处有 2.8

mǐ Yǒu hǎo jǐ tiáo xīliú liúrù Xīhú suǒyǐ húshuǐ zǒngshì qīngchè jiéjìng de hú-
米。有好几条溪流流入西湖，所以湖水总是清澈洁净的，湖
miàn píngjìng de xiàng miàn jìngzi
面平静得像面镜子。”

Zhěnggè Xīhú yòu bèi báidī hé sūdī liǎng tiáo chángdī fēnchéngle wǔ
甲：“整个西湖又被白堤和苏堤两条长堤分成了五
gè bùfen
个部分。”

Wèishénme jiào báidī hé sūdī ne Tāmen de míngchēng yǒu shénme
乙：“为什么叫白堤和苏堤呢？它们的名称有什么
lái lì
来历？”

Yīnwèi tāmen shì shīrén BáiJūyì hé dà wénxuéjiā Sū Dōngpō xiūjiàn de
甲：“因为它们是诗人白居易和大文学家苏东坡修建的，
tāmen liǎ dōu zài Hángzhōu zuòguo guān
他们俩都在杭州做过官。”

Wǒxiǎng tāmen yídìng liúxiàle bùshǎo zànměi Xīhú de shīpiān ba
乙：“我想他们一定留下了不少赞美西湖的诗篇吧？”

Wǒ jìde Sū Dōngpō yǒu yì shǒu shī shì zhèyàng zànměi Xīhú de
甲：“我记得苏东坡有一首诗是这样赞美西湖的——
shuǐguāng liànyàn qíng fāng hǎo shānsè kōngméng yǔ yì qí yù bǎ Xīhú bǐ xī-
‘水光潋滟晴方好，山色空濛雨亦奇。欲把西湖比西
zǐ dànzhuāng-nóngmǒ zǒng xiāngyí
子，淡妆浓抹总相宜。’”

Zhēn shì hǎo shī a zhǐyǒu Xīhú cái pèideshàng zhèyàng de chēngzàn
乙：“真是好诗啊，只有西湖才配得上这样的称赞。”

二、语音点

后鼻音韵母

ang	cháng 常	táng 堂	háng 杭	gǎng 港	làng 浪	fāng 方
	chángdù 长度	dàngyàng 荡漾	měidāng 每当	shànggǎng 上岗	pánghuáng 彷徨	mánglù 忙碌
uang	huáng 黄	zhuāng 庄	guǎng 广	kuàng 旷	chuāng 窗	shuāng 双
	huángdì 皇帝	bāozhuāng 包装	guàngjiē 逛街	ménkuàng 门框	chuāngshāng 创伤	

liángshuǎng
凉爽

	xiǎng	xiàng	xiāng	jiāng	niáng	liàng
iang	想	象	相	江	娘	亮
	qiángdà	xiàngqián	Lìjiāng	niàngjiǔ	yōuliáng	xiángxì
	强大	向前	丽江	酿酒	优良	详细
	chōng	zhōng	dōng	gōng	kōng	nóng
ong	充	钟	东	公	空	浓
	zhōngshān	zǒngshì	gōngdiàn	tóngyàng	hǒngpiàn	yǒngyuǎn
	中山	总是	宫殿	同样	哄骗	永远

三、练习

zhōngguó de zhǔyào fēngjǐngqū
中国的主要风景区

Huángshān Lúshān Yàndàngshān Chángjiāng Sānxiá Héngshān Guìlín
黄山、庐山、雁荡山、长江三峡、衡山、桂林、
Líjiāng shānchuān Hángzhōu Xīhú Kūnmíng Diānchí Tiānshān Tiānchí Wúxī
漓江（山川）；杭州西湖、昆明滇池、天山天池、无锡
Tàihú Qīnghǎihú Jìngbóhú húpō Qínhuángdǎo Běidàihé Qīngdǎo Láo-
太湖、青海湖、镜泊湖（湖泊）；秦皇岛－北戴河、青岛－崂
shān Sānyà rèdài hǎibīn hǎibīn Wǔyíshān Yúnnán Xīshuāngbǎnnà Wǔlíng-
山、三亚热带海滨（海滨）；武夷山、云南西双版纳、武陵
yuán Yúnnán Lùnán Shílín Guìzhōu Zhījīndòng Huángguǒshù pùbù Huánghé Hú-
源、云南路南石林、贵州织金洞、黄果树瀑布、黄河壶
kǒu pùbù Guìzhōu Ānshùn Lónggōng Zhàoqìng Xīnghú Shílín pùbù Líntóng Lí-
口瀑布、贵州安顺龙宫、肇庆星湖（石林瀑布）；临潼骊
shān Xīxià wánglíng Chéngdé Bìshǔ shānzhuāng Wài bāmiào lìshǐ gǔjì Wǔ-
山、西夏王陵、承德避暑山庄－外八庙（历史古迹）；五
táishān Jiǔhuáshān Wǔdāngshān Luòyáng Lóngmén shíkū É méishān Jiāngxī
台山、九华山、武当山、洛阳龙门石窟、峨眉山、江西
Sānqīngshān zōngjiào Jǐnggāngshān Nánjīng Zhōngshān Sháoshān gémìng lì-
三清山（宗教）；井冈山、南京钟山、韶山（革命历
shǐ
史）。

四、背景知识

Zhōngguó de lǚyóu zīyuán jíwéi fēngfù zhè zài shìjiè shang shì dú yī-wú'èr
中国的旅游资源极为丰富，这在世界上是独一无二

de cóng hǎipíngmiàn yǐxià yībǎi-wǔshíwǔ mǐ chù de Tǔlǔfān péndì de àidīnghú-
的。从海平面以下 155 米处的吐鲁番盆地的艾丁湖
dǐ dào hǎibá bāqiān duō mǐ de shìjiè dì-yī gāofēng Zhūmùlǎngmǎfēng jué-
底，到海拔8,000多米的世界第一高峰——珠穆朗玛峰，绝
duì gāo chā yuē jiǔqiān mǐ duōyàng de fēngjǐng dìmào hé duōgōngnéng de qìhòu
对高差约9,000米。多样的风景地貌和多功能的气候
zīyuán wèi shēngwùjiè tígōngle yōuyuè de shēngcún qīxī huánjìng shǐ zìrán
资源，为生物界提供了优越的生存栖息环境，使自然
jǐngguān gèngjiā duō zī-duōcǎi wǒmen yǒu yǐ qí fēng -guàishí pìtiān-módì ér
景观更加多姿多彩。我们有以奇峰怪石、辟天摩地而
zhùchēng de Huángshān yě yǒu yīn duàncéng fāyù shǐ jùdà huāgāngyántǐ tūwù
著称的黄山；也有因断层发育使巨大花岗岩体突兀
língkōng yǐ xiǎn chēng jué de Huàshān háiyǒu yīn huāgāngyán zǔ-fēn tèxìng ér
凌空，以险称绝的华山；还有因花岗岩组分特性而
dǎozhì de qiúzhuàng fēnghuà yóu qí xíngchéng de zàoxíng qíyì de gè zhǒng xiǎo
导致的球状风化，由其形成的造型奇异的各种小
chǐdù de fēngjǐng dìmào sǎn jiàn gè dì zài zìrán qíguān fāngmiàn yǒu yì nián-
尺度的风景地貌散见各地。在自然奇观方面，有一年
yí dù de dàlǐ húdiéquán de húdié shènghuì ěryuán wàn niǎo cháo shān de niǎo-
一度的大理蝴蝶泉的蝴蝶盛会，洱源万鸟朝山的鸟
diàoshān qíjǐng měi nián zhōngqiū de qiántáng dàcháo xīzàng gāoyuán shang de
吊山奇景，每年中秋的钱塘大潮，西藏高原上的
zhōuqīxìng shuǐrè bàozhà quán Jílín Sōnghuājiāng biān de wùsōng děng Rénwén
周期性水热爆炸泉，吉林松花江边的雾凇等。人文
fāngmiàn de qíjǐng gèng shì fēngfù-duōcǎi Qínshǐhuánglíng bīngmǎyǒng kēng hé
方面的奇景更是丰富多彩，秦始皇陵兵马俑坑和
tóngchēmǎ bèi yù wéi shìjiè dì-bā dà qíjì Chángshā Mǎwángduī hànmù de wán-
铜车马被誉为世界第八大奇迹。长沙马王堆汉墓的完
zhěng nǚshī hé dàliàng bóshū Jiānglíng Fènghuángshān Hànmù bǎocún wánhǎo de
整女尸和大量帛书，江陵凤凰山汉墓保存完好的
nánshī mǎnchéng língshān Hànmù de jīn lǚ yù yī sīchóu zhī lù shang de Lóulán
男尸，满城陵山汉墓的金缕玉衣，丝绸之路上的楼兰
gǔchéng hé zhòngduō gǔjì Xúzhōu de hànmù děng chéngle xīyǐn lǚyóuzhě huísù
古城和众多古迹，徐州的汉墓等，成了吸引旅游者回溯
lìshǐ de zuì jiā chǎngsuǒ Dūnhuáng Mògāokū bèi gōngrèn wéi shìjiè yìshù bǎokù
历史的最佳场所。敦煌莫高窟被公认为世界艺术宝库。
xióng jù Língyúnshān fǔshì sān jiāng de Lèshān dà fó zuòxiàng gāo qīshíyī mǐ
雄踞凌云山、俯视三江的乐山大佛，坐像高 71 米，

tǐ kuān èrshíbā mǐ shí shǔ shìjiè shang zuì dà de shíkè dàfó
体宽 28 米，实属世界上最大的石刻大佛。

> 后鼻音韵母 ang eng ing ong iang iong uang ueng：这8个韵母发音时，先发元音，紧接着软腭下降，然后舌根抵住软腭发 ng，整个韵母发音完毕才除阻。

项目 20 新兴的旅游

一、会话

qīngsōng yúkuài de lǚyóu
轻松愉快的旅游

ér zi yǐjīng zhōngkǎo jiéshù nǐ xiǎng dào nǎ lǐ qù qīngsōng qīngsōng ya
甲："儿子已经中考结束，你想到哪里去轻松轻松呀？"

Hái méi xiǎnghǎo ne
乙："还没想好呢。"

Kěyǐ qù kànkan wǒmen Xīng'ān xiànchéng de hóngjūn tūpò xiāngjiāng jìniànbēi nà shì hóngsè lǚyóu jǐngdiǎn zhī yī
甲："可以去看看我们兴安县城的红军突破湘江纪念碑，那是红色旅游景点之一。"

Ràng wǒ xiǎngxiang hái yǒu shénme dìfang jì hǎowán yòu shěngqián ne
乙："让我想想，还有什么地方既好玩又省钱呢？"

Nóngjiālè shì bǐjiào hǎowán de tǔ jī tǔyā yěcài yěchuī děng tǐng yǒu fǎn pú-guīzhēn de gǎnjué yǒu de dìfang hái kěyǐ dào guǒyuán zhāi guǒ ne
甲："'农家乐'是比较好玩的，土鸡、土鸭、野菜、野炊等，挺有返璞归真的感觉，有的地方还可以到果园摘果呢！"

ò kuài gàosu wǒ Guìlín nǎlǐ yǒu zhèyàng de lètǔ wǒmen quánjiā

乙："哦，快告诉我，桂林哪里有这样的乐土，我们全家

rén hǎo qù wánr gè tòngkuài

人好去玩儿个痛快。"

Yáoshān jiù yǒu a yóulǎn yí xià shānjiǎo xià de Jìngjiāng wánglíng

甲："尧山就有啊。游览一下山脚下的靖江王陵，

shùnbiàn pápa Yáoshān yòu kěyǐ duànliàn shēntǐ zhè kěshì wǒmen Guìlín wéiyī

顺便爬爬尧山又可以锻炼身体，这可是我们桂林唯一

de tǔshān hái kěyǐ chī dào zhèngzōng de tǔ jī yì jiārén qílè-róngróng

的土山，还可以吃到正宗的土鸡，一家人其乐融融。"

Zhēn shì gè hǎo zhǔyi

乙："真是个好主意。"

二、语音点

(一)前响复元音韵母

gǎi kāi zài dài wài zǎi

ai 改 开 在 待 外 宰

chéngzài tàidu dàibiǎo háizi jiàocái

承载 态度 代表 孩子 教材

(二)中响复元音韵母

kuài huái guài zhuài chuāi shuài

uai 快 怀 怪 拽 揣 帅

guǎizhàng kuàizi jiǎohuái shuāida chuǎiduó tuōzhuài

拐杖 筷子 脚踝 摔打 揣度 拖拽

(三)前鼻音韵母

gǎn hán cān lǎn wán rán

an 感 涵 参 览 玩 然

fāzhǎn Yán'ān tántǔ hánliàng kànjiàn dànshì

发展 延安 谈吐 含量 看见 但是

guān duàn chuán huán tuán nuǎn luàn

uan 观 段 传 环 团 暖 乱

kuānchǎng huànjiè duànliàn tuānjí nuǎnliú luánshēng

宽敞 换届 锻炼 湍急 暖流 孪生

quán yuàn juǎn juān yuán yuán

üan 全 院 卷 捐 源 圆

tuányuán quánshuǐ xuànyào shǒujuàn xuǎnjǔ juānkuǎn

团员 泉水 炫耀 手绢 选举 捐款

三、练习

Zhèxiē nián lái zài chéngshì zhōubiān xīngqǐ le yì zhǒng yóu nóngmín lìyòng
这些年来，在城市周边兴起了一种由农民利用
zìjiā yuànluò yǐ jí yībàng de tiányuán fēngguāng zìrán jǐngdiǎn yǐ dīlián de jià-
自家院落以及依傍的田园风光、自然景点，以低廉的价
gé xīyǐn shìmín qiánlái chī zhù yóu wán gòu de lǚyóu xíngshì rénmen tōngsú
格吸引市民前来吃、住、游、玩、购的旅游形式，人们通俗
de chēng zhī wéi nóngjiālè
地称之为“农家乐”。

Tèsè shì lǚyóu de mèilì suǒzài nóngjiālè tǐxiànle lǚyóuyè de zhè yí tè
特色是旅游的魅力所在，“农家乐”体现了旅游业的这一特
diǎn Nóngjiālè wèi yóukè chōngfèn zhǎnshì qí tèyǒu de tiányuán fēngguāng mín-
点。“农家乐”为游客充分展示其特有的田园风光、民
sú fēngqíng hé gǔlǎo de rénwén wénhuà jùyǒu nóngyù de dìfāng tèsè Tā yī zì-
俗风情和古老的人文文化，具有浓郁的地方特色。它依自
rán tiáojiàn hé qūwèi de bùtóng xíngchéng le fēngmào gèyì de tèsè lèixíng tǐ-
然条件和区位的不同，形成了风貌各异的特色类型，体
xiànle Zhōngguó chuántǒng de tiānrén-hé yī shùnyìng zìrán shíyòng lǐxìng de
现了中国传统的“天人合一”、顺应自然、实用理性的
wénhuà guānniàn
文化观念。

Nóngjiālè zhè yì xīnxīng de xiūxián lǚyóu fāngshì zhèng qiǎorán xīngqǐ
“农家乐”这一新兴的休闲旅游方式正悄然兴起。
Shǒuxiān shì yōuměi de huánjìng nóngjiālè qǔfǎ zìrán fùyǒu nóngjiā jūjiā tè-
首先是优美的环境。“农家乐”取法自然，富有农家居家特
sè Tā zhǔyào yǐ nóngjiā yuànluò wéi yītuō jiélì yíngzào chū Zhōngguó chuán-
色。它主要以农家院落为依托，竭力营造出中国传
tǒng nónggēng shèhuì wài yǒu tiányuán nèi yǒu shūxiāng yīshí fùzú tiān-rén hé-
统农耕社会外有田园、内有书香、衣食富足、天人和
xié de lǐxiǎng jìngjiè zhǎnxiàn chū yīnshí nóngjiā tèyǒu de fēngmào Qícì shì dī-
谐的理想境界，展现出殷实农家特有的风貌。其次是低
lián de xiāofèi Tóngshí yóukè hái néng gǎnshòu dào nóngcūn shēnghuó de níngjìng
廉的消费。同时，游客还能感受到农村生活的宁静
yǔ héxié gǎnshòu dào cūnmín qínláo chúnpǔ wénmíng jīngyíng bù sāhuǎng
与和谐，感受到村民勤劳、淳朴、文明经营、不撒谎、

bù zǎikè de liánghǎo fēngqì yǐjí yōumò huòdá lèguān de shēnghuó tàidu tóng
不宰客的良好风气以及幽默、豁达乐观的生活态度；同
yàng cūnmín yě cóng yóukè nàlǐ lǐnglüè dào xiàndài wénmíng de mèilì rú liáng-
样，村民也从游客那里领略到现代文明的魅力，如良
hǎo de wèishēng xíguàn zhěngjié détǐ de fúshì dàfang de yántán jǔzhǐ děng
好的卫生习惯，整洁得体的服饰、大方的言谈举止等。

四、背景知识

Jìn xiē nián lái gè lǚyóu bùmén zài lǚyóu xiànlù chūxíng fāngshì shang shì
近些年来，各旅游部门在旅游线路、出行方式上是
búduàn chuàngxīn xíngshì duōyàng yǒu hóngsè lǚyóu nóngjiālè háiyǒu rìjiàn
不断创新，形式多样，有红色旅游、农家乐，还有日渐
liúxíng de zìjiàchē yóu zhǔtíyóu děng fāngshì
流行的自驾车游、主题游等方式。

Dǎngzhōngyāng Guówùyuàn yìnfā de nián quánguó hóngsè lǚ-
党中央、国务院印发的《2004－2010年全国红色旅
yóu fāzhǎn guīhuà gāngyào qiángdiào zhǐchū hóngsè lǚyóu shì zhǐ yǐ Zhōngguó
游发展规划纲要》强调指出，红色旅游是指以中国
Gòngchǎndǎng lǐngdǎo rénmín zài gémìng zhànzhēng shíqī xíngchéng de jìniàndì
共产党领导人民在革命战争时期形成的纪念地、
biāozhìwù wéi zàitǐ yǐ qí suǒ chéngzài de gémìng lìshǐ shìjì hé jīngshén wéi nèi-
标志物为载体，以其所承载的革命历史、事迹和精神为内
hán zǔzhī jiēdài lǚyóuzhě kāizhǎn miǎnhuái xuéxí cānguān yóulǎn de zhǔtíxìng lǚ-
涵，组织接待旅游者开展缅怀学习、参观游览的主题性旅
yóu huódòng Shíxià bǎochí Gòngchǎndǎngyuán xiānjìnxìng jiàoyù shì quánguó
游活动。时下，保持共产党员先进性教育，是全国
zhèngzhì shēnghuó de yí jiàn dà shì gèzhǒng-gèyàng de xuéxí xíngshì céngchū-
政治生活的一件大事，各种各样的学习形式层出
bùqióng hóngsè lǚyóu jiùshì kāizhǎn shēngdòng de bǎochí Gòngchǎndǎngyuán
不穷，红色旅游就是开展生动的“保持共产党员
xiānjìnxìng jiàoyù bìng nénggòu qǔdé liánghǎo xiàoguǒ de quánxīn sīlù hé xíngshì
先进性”教育并能够取得良好效果的全新思路和形式。

Zhǔtíyóu bāokuò shíxià liúxíng de cháoshèng yóu tànxiǎn yóu shǎoshù
“主题游”包括时下流行的朝圣游、探险游、少数
mínzú fēngqíng yóu jiànshēn yóu zhōngyuán mínsú yóu Xiānggǎng gòuwù yóu
民族风情游、健身游、中原民俗游、香港购物游、
qíshān-yìshuǐ yóu huánghé fēngqíng yóu děng
奇山异水游、黄河风情游等。

中响复元音韵母 iao iou uai uei：这 4 个韵母发音时，都是中间的元音清晰响亮，是韵腹；前头的元音轻短，是韵头；后头的元音含混，是韵尾。

单元 5 测试篇

导　读

本篇根据普通话水平测试的要求、测试的各种题型进行专项辅导和总复习，为考证作准备。

项目 21　单音节字词辅导

一、读单音节字词

普通话水平测试的第一项考题是读单音节字词 100 个，不包括轻声、儿化词，限时 3.5 分钟，共 10 分。

目的：测查应试人声母、韵母、声调读音的标准程度。

要求：100 个字词中，每个声母出现次数一般不少于 3 次，不超过 6 次；每个韵母出现次数一般不少于 2 次，不超过 4 次；声调出现次数大致均衡。

（一）对声韵调的要求

要求应试人对每个字的声母韵母都要读得准确到位，声调要正确饱满。

“准确、正确”指字音要读对，“到位、饱满”指字音要读好，所以不准确就包含了两个层次——错误和缺陷。

错误指没有读正确字音，即把甲声韵调读成了乙声韵调。如平舌音读成翘舌音，鼻音读成边音，这是声母错；前鼻音读成后鼻音，齐齿呼读成撮口呼，这是韵母错；阴平调读成阳平调，上声读成去声，这是声调错。凡读错字音，该字被扣 0.1 分。

缺陷指字音虽然没有读错，但是没有读准。比如不少人发翘舌音 zh、ch、sh、r 声母时，舌尖靠前翘得不够后，发音不到位；或者发平舌音 z、c、s 声母时，舌尖又抬得太高，近似翘舌音声母；或者把舌面音 j、q、x 发成尖音。凡此种种都是声母发音有缺陷。又如有人发后鼻音韵母 ang、eng、ing 时，舌根部抬得不够高，不够紧张，发音像前鼻音又像后鼻音；发复韵母、鼻韵母时，口腔变化不大，音与音之间的动程不明显。这些都是韵母发音有缺陷。再如很多人发上声调字音时，只有下降的读音，没有上升的读音，即发音不是曲折形式，这叫发音不饱满；反之，有人矫枉过正，发上声调时曲折两次。这些都是声调发音有缺陷。凡字音读得有缺陷，该字被扣 0.05 分。

(二)对字音归属的要求

第一项考题除测查声韵调的读音外，还检验应试人字音的归属是否正确。除受方音影响外，普通话测试时，字音归属不正确通常由两种情况造成；一是没有掌握异读词的规范读音；二是不认识一些字的正确读音，凭想当然来读。因此，应试人练习普通话时，除注意克服方音外，还要注意字词的正确读音，提高自己的识字能力。

(三)其他要求

对多音字的要求：如果没有具体语境，多音字允许读任何一个读音，只要没有读错，该字均可得分。

对读错字音的处理：第一项考题字音读错允许纠正一遍，以第二遍为准。第二遍读对，该字得分；如果第一遍读对，第二遍读错，该字扣分。

二、练习

平翘舌

zé zhé 则——折	zū zhū 租——朱	cāng chāng 仓——昌	cōng chōng 葱——冲
sū shū 苏——书	sī shī 丝——施	zōng zhōng 宗——中	zēng zhēng 曾——征
cái chái 才——柴	sǎo shǎo 扫——少	cí chí 词——池	sēn shēn 森——申

边鼻音

lǐ nǐ 理——你	lì nì 力——腻	liàng niàng 量——酿	lián nián 联——年
líng níng 聆——宁	lán nán 兰——男	lǔ nǔ 鲁——努	lèi nèi 类——内
lǚ nǚ 吕——女	lài nài 赖——奈	luó nuó 罗——挪	liú niú 刘——牛

齐齿呼与撮口呼

yī yū 衣——迂	jī jū 鸡——居	xī xū 西——需	nǐ nǚ 你——女
yē yuē 耶——约	liè lüè 烈——略	jié jué 节——决	qiē quē 切——缺
xiē xuē 些——削	yīn yūn 因——晕	jīn jūn 今——军	xīn xūn 心——薰

前后鼻音

dān dāng 单——当	chǎn chǎng 产——场	mín míng 民——明	xīn xīng 心——星
shēn shēng 深——生	chén chéng 沉——成	tān tāng 摊——汤	lán láng 蓝——狼
kàn kàng 看——抗	hán háng 韩——行	bān bāng 班——帮	fàn fàng 范——放

阴平(调值55)

bōxuē 剥削　cūcāo 粗糙　jī hū 几乎　jū jī 狙击

tū jī 突击　wāiqū 歪曲　wēi jī 危机　xiāshuō 瞎说

阳平(调值35)

chénzhuó 沉着　chéngfá 惩罚　chéngshú 成熟　huídá 回答

jí jié 集结　pín jí 贫瘠　qí qiú 祈求　xuéshí 学识

上声(调值214)

bǐ fǎ 笔法　dǎtiě 打铁　bǎichǐ 百尺　chǔ lǐ 处理

gǔpǔ 古朴　guǎngchǎng 广场　jiǎgǔ 胛骨　miǎnqiǎng 勉强

去声(调值51)

fùshù 复述　cèlüè 策略　dàng’àn 档案　hàozhào 号召

jì lǜ 纪律　tèsè 特色　zàoyì 造诣　zìzhì 自治

项目 22 多音节词语辅导

普通话水平测试的第二项内容是朗读词语,要求应试人在2.5分钟内正确读出规定的47~50个多音节词语。这个部分的测试目的主要是通过朗读,进一步了解应试人声母、韵母、声调的掌握情况,并且考查轻声词、儿化词、双音节连读变调的发音。这项测试是读单音节字词的继续与提升。此项成绩占总分的20%,即20分。读错一个音节的声母、韵母或声调,扣0.2分。读音有明显缺陷的,每次扣0.1分。限时2.5分钟,超时扣分,超时1分钟以内扣0.5分,超时1分钟(含1分钟)以上扣1分。

一、变调

(一)上声的变调

因为是读双音节词语,就要碰到连读变调的问题。在语流中,有些音节的声调发生了一定的变化,与单读时的调值不同。

上声+上声,即两个上声相连,前一个上声读成阳平,上声调值由214变为35,例如"展览""请柬""辅导""小李"等。

上声+非上声,就是上声在阴平、阳平、去声的前面,这时上声音节的声调是一个降低的趋势,不要再拐弯上去,例如"老张""小刘""老赵"等。

(二)"一""不"的变调

"一"的单字调是阴平55,"不"的单字调是去声51。

"一"有两种变调,在去声音节前调值变为35,跟阳平的调值一样,如"一半""一定";在阴平、阳平、上声前,调值变为51,跟去声的调值一样,如"一般""一齐""一体"。要注意,当"一"作为序数表"第一"时不变调。

"不"只有一种变调,即在去声音节前调值变为35,跟阳平的调值一样,如"不必""不但"。

当"一"嵌在重叠式的动词之间,"不"夹在动词或形容词之间,还有夹在动词和补语之间,都轻读,属于"次轻音",如"看一看""买不买""拿不动"。

二、轻声

轻声是普通话的一种特殊音变现象,即在一定条件下,读得又轻又短的调子。轻声音节在听感上的体现是音长变短，音强变弱。因为南方方言区基本没有词汇轻声现象，所以这对南方方言区的应试者是一个语音难点。普通话的轻声不是人为的读音。例如：

地道(dìdào)昨天我们看了电影《地道战》。

地道(dìdao)别看她是湖南人，可广州话讲得很地道。

从例子我们可以看出轻声具有辨义的功能。因此，普通话的规范轻声词语必须读轻声。我们可以这样进行练习，读轻声词时，可以有意延长第一个音节的音长，缩短第二个音节的音长。这样前后音节形成一个对比，轻声轻而短的音感特点自然就会显现出来。在读双音节词语这一项中，会有四到五个轻声词。在准备的时候，自己先作一个判断，找出轻声词来，然后，轻轻地读一读。要想准确地找出轻声词，就要熟悉普通话轻声词表。“冤枉”“出息”“外边”“特务”等都是轻声词。

三、儿化

儿化音变是规定测试项目，每份试卷不少于4个儿化词，一般是开口呼、齐齿呼、合口呼、撮口呼各一个。“儿化”有时具有区别意义的作用，例如：“盖”“盖儿”，前一个是动词，后一个带儿化的是名词。“头”“头儿”，前一个指脑袋，后一个指领头的，词的意思不同。儿化词里的“儿”字不是一个独立的音节，而是依附在一个音节的末尾，给这个音节加上一个卷舌动作，从而使这个音节因为“儿化”而发生音变。儿化词中的“儿”在发音时，不能发成一个音节，只做一个卷舌动作即可。例如：“鲜花儿”，正确的读法是在“花”这个音节的最后一个音素 ɑ 上接一个卷舌动作，不是读成一个“鲜”、一个“花”、一个“儿”。测试时，儿化词上已有明显的“儿化”标志，只要想办法读好就行了，如“走神儿”“金鱼儿”“摆摊儿”“拈阄儿”“馅儿饼”。

四、语调

普通话中词的轻重音格式的基本形式是：双音节、三音节、四音节词语大多数最后一个音节读为重音；三音节词语大多数读为“中 · 次轻 · 重”的格式；四音节词语大多数读为“中 · 次轻 · 中 · 重”的格式；双音节词语占普通话词语总数的绝对优势，绝大多数读为“中 · 重”的格式，如“安心”“危机”“人民”“常常”“美好”“仅仅”“状态”“上当”。

因为是双音节词语的朗读，所以在读的时候，一定要注意两个音节一气呵成，连贯着读，不能有一字一顿的感觉。词与词之间要注意停顿，中间要留有一定的空隙。这样，就可以保持一定的语速，不至于越读越快。

五、练习

lǎnsǎn hǎidǎo gǔdiǎn shǒuzhǎng guǎngchǎng lǚguǎn zhǎnlǎnguǎn
懒散 海岛 古典 首长 广场 旅馆 展览馆

yǒnggǎnzhě zhǐlǎohǔ
勇敢者 纸老虎

bǎowēn jǐngzhōng bǎituō zǔguó lǚxíng dǎoyóu guǎngdà tiǎozhàn
保温 警钟 摆脱 祖国 旅行 导游 广大 挑战

gǎnxiè
感谢

yídàn yídù yígài yìshēng yìxiē yì qún yìzhí yìzǎo yì kǒu
一旦 一度 一概 一生 一些 一群 一直 一早 一口

búbiàn búyào búdìng búcuò
不便 不要 不定 不错

gūniang xiūxi liángshi xíngli kùnnan luòtuo lǎoshi jǐliang dōngxi
姑娘 休息 粮食 行李 困难 骆驼 老实 脊梁 东西

máfan guīju kèqi
麻烦 规矩 客气

nǎr xiǎoháir liǎndànr yì diǎnr guǎiwānr shǒujuànr
哪儿 小孩儿 脸蛋儿 一点儿 拐弯儿 手绢儿

bīnggùnr chōukòngr
冰棍儿 抽空儿

hézuò xiàtiān jiātíng zérèn kuàdù pínlǜ xīnsuān pòfèi kuángrè
合作 夏天 家庭 责任 跨度 频率 心酸 破费 狂热

xīnxiān yúnchèn fēnxī zhìdù
新鲜 匀称 分析 制度

项目 23 选择判断辅导

普通话水平测试的第三项内容是选择判断，目的是考查应试人掌握普通话词汇及语法的程度。此项成绩占总分的 10%，即 10 分。包括下列三个方面：

(1)根据《普通话水平测试用普通话与方言词语对照表》，选出 10 组普通话与方言相对应但说法不同的词语，由应试人判断并读出哪种说法是普通话的词语。判断错误，每组扣0.25分。

(2)根据《普通话水平测试用普通话常见量词、名词搭配表》，列举10个名词和若干个量词，由应试人搭配并读出符合普通话规范的10组名词短语。搭配错误，每组扣0.5分。

(3)根据《普通话水平测试用普通话与方言常见语法差异对照表》，编制5组普通话与方言意义相对应、但在语序或表达方式上不一致的短语或短句，由应试人判定符合普通话语法规范的形式。判断错误，每组扣0.5分。

在口头回答时，属于答案部分的词语读音有错误，每次扣0.1分，如回答错误已扣分就不再扣语音失误分。限时3分钟，超时1分钟以内扣0.5分，超时1分钟以上(含1分钟)扣1分。

汉语普通话与各方言之间的差别比较突出地表现在语音方面，其次便是词汇。如最常见的词尾“子、儿、头”等，用在什么词语里，普通话和方言是不同的：普通话说“蛋”不带“子”，广西有的地方说“蛋子”；普通话中的“袜子”，在吴方言中说为“袜”；江淮方言中名词的“子”作词尾特别多，儿化音却很少；山西某些地区会把“裤子”说成“裤的”。虽然在语法方面的差别显得小一些，但有很多突出的现象仍需特别注意，如有些方言区会在学习普通话的过程中出现“一件裤子”“一架汽车”等搭配现象或是“你洗先”“我有写”这类的句子，不合乎普通话语法规范，影响了表达效果。

一、词语判断

这一部分列出10组普通话与方言意义相对应但说法不同的词语，由应试人判断并读出普通话的词语。

普通话与方言词语对照：

普通话	方言
bàba 爸爸	老爸　阿爸　爷　爹爹　阿伯
bàngwǎn 傍晚	夜快　暗晡　挨晚　挨夜边子　断黑　临夜
bí zi 鼻子	鼻囊　鼻哥　鼻公　鼻窿
bīnggùnr 冰棍儿	棒冰　霜条　雪条　冰棒　雪枝

bómǔ
伯母　　阿姆　伯娘　伯妈　伯姆
chāopiào
钞票　　铜钿　纸字　银纸
féizào
肥皂　　雪文　番枧　胰子油
fēngzheng
风筝　　鹞子　风吹　纸鹞　纸鹞欸
fūqī
夫妻　　翁姥　两公婆　两老马子
nǎodai
脑袋　　头壳　脑壳　头拿
shàngmiàn
上面　　顶面　上便　高头　上背
shǒujuàn
手绢　　绢头　手巾仔　手捏子　小手巾　手巾欸
shuìjiào
睡觉　　困　困觉　睡目
wāndòu
豌豆　　小寒豆　官豆子　麦豌子　雪豆　川豆子
xífù
媳妇　　新妇　心抱　媳妇妹子　心舅
xiànzài
现在　　难朝　现主时　现时　如至今　今下

二、量词、名词搭配

这一部分列出若干量词及若干名词，要求应试人选择读出符合普通话表达习惯的数量名词短语。应试人要了解普通话量词与名词搭配方式，分辨清楚，另外还要注意读准字音，尤其是“一”的变调。

量词、名词搭配：

bǎ jiǎndāo chǐzi sàozhou yàoshi sǎn shànzi tíqín shǒuqiāng zhī
把：剪刀　尺子　扫帚　钥匙　伞　扇子　提琴　手枪（支）
bù shū běn tào zìdiǎn diànshìjù diànhuàjī qìchē liàng tái
部：书（本、套）　字典　电视剧　电话机　汽车（辆、台）
chǎng diànyǐng bù jiāoxiǎngyuè bù bǐsài jié xiàng kǎoshì
场：电影（部）　交响乐（部）　比赛（节、项）　考试
dǐng jiàozi màozi wénzhàng zhàngpeng
顶：轿子　帽子　蚊帐　帐篷

duǒ huā yún piàn mógu
朵：花 云（片） 蘑菇

fèn wǔcān bàozhǐ zhāng wénjiàn gōngzuò xiàng shìtí dào tào
份：午餐 报纸（张） 文件 工作（项） 试题（道、套）

gè rén píngzi píngguǒ jīdàn píqiú tàiyáng shàngwǔ gùshi
个：人 瓶子 苹果 鸡蛋 皮球 太阳 上午 故事

kǒu dàguō dàgāng dàzhōng zuò jǐng bǎojiàn bǎ
口：大锅 大缸 大钟（座） 井 宝剑（把）

mén kè jié kèchéng jìshù xiàng qīnqi jiā hūnyīn
门：课（节） 课程 技术（项） 亲戚（家） 婚姻

miàn qiáng dào jìngzi cǎiqí fú gǔ jià luó
面：墙（道） 镜子 彩旗（幅） 鼓（架） 锣

piàn shùyè ròu kuài yīnliáng yángguāng yún duǒ dì kuài
片：树叶 肉（块） 阴凉 阳光 云（朵） 地（块）

shàn mén dào chuānghu píngfēng mò pán
扇：门（道） 窗户 屏风 磨（盘）

suǒ xuéxiào yīyuàn jiā yínháng jiā fángzi jiān tào zuò
所：学校 医院（家） 银行（家） 房子（间、套、座）

tái jìsuànjī yīliáoshèbèi tào jiémù chǎng tào huàjù chǎng
台：计算机 医疗设备（套） 节目（场、套） 话剧（场）

tóu suàn niú tiáo zhī luòtuo zhī zhū kǒu lǘ tiáo zhī
头：蒜 牛（条、只） 骆驼（只） 猪（口） 驴（条、只）

zhāng guāngpán dàbǐng kuài zuǐ wǎng gōng zhuōzi yóupiào tào
张：光盘 大饼（块） 嘴 网 弓 桌子 邮票（套）

三、语序或表达形式判断

这一部分列出几组普通话与方言意义相对应但说法不同的句子，要求应试人选择读出其中的普通话句子。

普通话与方言常见语法差异（每组第一句为普通话句子，其他均为方言句子）：

Mén shang yǒu yí gè yǎnr
门上有一个眼儿。
门上有一个眼眼。

Wǒ jiù zhèyàng dùguòle wǒ de xuésheng shídài
我就这样度过了我的学生时代。
我就这样子度过了我的学生时代。

Wǒmen xiě zuòyè yòngle yí gè bàn xiǎoshí
我 们 写 作业 用了 一 个 半 小 时。
我们写作业用了一点半钟。

Wǒ jiā zhù zài èr céng
我 家 住 在 二 层 。
我家住在两层。

Zhè dèngzi néng zuò sān gè rén
这 凳子 能 坐 三 个 人。
这凳子坐得三个人。

Dōngtiān běifāng fēicháng lěng
冬 天 北 方 非 常 冷 。
冬天北方老冷。

Dàjiā dōu bèi tā shuōlè le
大家 都 被 他 说 乐了。
大家都招他说乐了。

Zhè jiàn shì wǒ shuōguo
这 件 事 我 说 过。
这件事我有说。
这件事我有说过。

Cài xiánbuxián
菜 咸 不 咸？
菜阿咸?
菜实咸?

Sìchuān Shěng bǐ Guǎngdōng Shěng dà
四 川 省 比 广 东 省 大。
四川省大过广东省。

Yībiān kàn diànshì yìbiān chī língshí
一边 看 电视，一边 吃 零食。
一不地瞧电视，一不地吃零食。

四、练习

1. 词语判断：请判断并读出下列 10 组词语中的普通话词语。

①蒜薹 蒜心 蒜苗 ②热水瓶 暖壶 茶筒
③赶集 趁墟 赶街 上墟 ④恶心 想呕 发呕 好恶底
⑤弟弟 细佬 老弟 ⑥除夕 年卅晚 年三十晚 三日夜
⑦旧时 从前 旧阵时 ⑧公鸡 鸡公 生鸡 鸡公头
⑨次货 漏嘢 水货 ⑩摄石 吸铁石 遇铁石 磁铁

2. 量词、名词搭配：请按照普通话规范搭配出 10 组数量名词短语。

羊 仓库 银行 脸 手枪 大钟 绳子 自行车 电池 课
间 所 口 辆 节 条 张 支 堂 头

3. 语序或表达形式判断：请判断并读出下列 5 组句子里的普通话句子。

①A. 今天上午他来过。 B. 今天上午他有来。C. 今天上午他有来过。
②A. 他把我关在门外了。B. 他关我门外了。
③A. 我太紧张了。 B. 我太过紧张了。 C. 我过紧张了。
④A. 我给他三斤苹果。 B. 我给三斤苹果他。
⑤A. 你少说两句。 B. 你说少两句。

项目 24 朗读辅导

普通话水平测试第四部分内容为朗读短文（1 篇，400 个音节），从《普通话水平测试用朗读作品》中选取，目的是考查应试人在有文字凭借的情况下语流当中体现的普通话标准程度，也就是使用普通话朗读书面材料的水平。此项占总分的 30%，为 30 分，限时 4 分钟，在考察声母、韵母、声调读音标准程度的同时，重点考查连读音变、停连、语调及流畅程度。

一、语音标准

语音标准指读准作品中每个字词的声、韵、调，多音字要据词定音，异读词读《普通话异读词审音表》的规范读音，音变词按普通话音变规律变读，同时还要注意防止漏读和增读。做到语音标准要多练习，听标准朗读，模仿发音。

二、克服语调偏误

语调偏误主要指字调、句调带有方言或其他语言的色彩，词语的轻重格、节奏与普通话语感有偏差。如：字调的调域不够宽，升降幅度过小；缺少轻音，字音长短变化不大，节奏感差等。

三、停连得当

停连是否得当，体现了应试人对朗读作品的理解程度和表达效果。停连不当，会造成语意不连贯甚至肢解词语或句子。要把握好停连，就是要把握好停连的位置和时间，所以测试前要熟悉作品、理解作品，并掌握一定的朗读技巧。

四、言语流畅

言语流畅跟语音、语调、停连都有关系，如果在朗读过程中回读和结巴也会影响流畅程度，所以应试人要熟悉作品，克服回读的习惯，培养良好的语感。

五、控制语速

朗读的要求是4分钟内读400个音节，超时扣分。语速过快会影响字音的准确清晰和语意的表达，语速过慢也会影响流畅程度。测试的60篇作品均为散文，适合用中速进行朗读，即1分钟200~240个音节比较合适。

六、“啊”的音变

1. ya（在 a、o、e、i、ü、ê 音素后面时，不包括 ao、iao）
就等你回家啊！
大家快来吃菠萝啊！
好新潮的大衣啊！
日子过得真快啊！
快帮我解围啊！
你怎么不吃鱼啊？

这孩子多活跃啊！
2. wa(在 u 音素后面时，包括 ao、iao)
您在哪儿住啊？
他普通话说得真好啊！
屋顶还漏不漏啊？
看你一身油啊！
3. na(在 n 音素后面时)
这件事儿可不简单啊！
买这么些冷饮啊！
发音真准啊！
4. nga(在 ng 音素的后面时)
小心水烫啊！
小点儿声啊！
行不行啊？
5. ra(在舌尖后元音 i、卷舌元音 er 的后面时，在儿化韵后面时)
没法治啊！
随便吃啊！
什么了不起的事啊！
这儿多好玩儿啊！
6. ia(在舌尖前元音 i 的后面时)
烧茄子啊！
这是第几次啊？
他就是老四啊！

项目 25 命题说话辅导

普通话水平测试的第五项内容命题说话，占总成绩的 30%，为 30 分，限时 3 分钟，主要考查应试人在没有文字凭借的情况下说普通话的水平，重点测查语音标准程度，词汇、语法规范程度和自然流畅程度。说话话题从《普通话水平测试用话题》中选取，以单向说话为主，由应试人从给定的两个话题中选定一个话题，连续说一段话。和朗读相比，说话可以更有效地考查应试人在自然状态下运用普通话语音、词汇、语法的能力。因为判断和朗读是有文字凭借的说话，应试人并不主动参与词语和句式的选择，因而，说话最能全面体现应试人普通话的真实水平。

说话不仅是对应试人语言水平的考查，同时，也是对应试人心理素质的考验。在没有文字凭借的情况下，把思维的内部语言转化为自然、准确、流畅的外部语言，需要应试人有良好的心理素质。综上所述，说话具有以下几项基本要求：

一、语音标准

测试中的关键是语音的标准程度，而不是说话的具体内容和谋篇布局。应试人要根据所学过的普通话语音知识，力求每个音节的声母、韵母和声调准确到位，变调符合规律，轻声、儿化自然。注意“热”不读“ye”，“书”不读“xu”，以及准确发音“处理”“徘徊”“暂时”“处女作”“赠券”等一些人们经常读错的词语。

二、语调自然

口头说的话是十分生动的，它和说话的环境、说话人的感情、说话的目的和动机都有很大的关系。要做到自然，就要按照日常口语的语音、语调来说话，不要带着朗读或背诵的腔调。语速适当，也是话语自然的重要表现。正常语速大约为240个音节/分钟。如果根据内容、情景、语气的要求，偶尔十来个音节稍快、稍慢也应视为正常。语速和语言流畅程度是成正比的，一般说来，语速越快，语言越流畅。但语速过快就容易导致元音时口腔打不开、复元音的韵母动程不够和归音不准。语速过慢，容易导致语流凝滞，话语不够连贯。有人为了不在声、韵、调上出错，说话的时候一个字、一个字地往外挤，听起来非常生硬。因而，过快和过慢的语速都应该努力避免。

三、语法规范

口语词和书面语词的界限不易分清。一般说来，口语词指日常说话用得多的词，书面语词指书面上用得多的词。口语词和书面语词相比，有其独自的特点。必须克服方言的影响，摒弃方言词汇，说话中要特别注意克服方言语气。如有的人说普通话时会把“热闹”说成“闹热”，“女友”说成“友女”，“一个球”说成“一只球”，“一张床”说成“一铺床”，“多少钱一斤”说成

"几多钱一斤",及出现"不是这样的呢""你看啵"等不规范说法。

四、用语流畅

现代汉语的口语和书面语基本是一致的,使用的句式大体也是相同的,但是,从句式使用的经常性来看,口语和书面语仍然存在着差别,其特点是:口语句式比较松散,短句多;较少使用或干脆不用关联词语;经常使用非主谓句;较多地使用追加和插说的方法,句间关联不紧密;停顿和语气词多。

五、内容充分

说话属于综合性能力,它与一个人的普通话水平、思维能力、心理素质、文化素养、年龄特征及社会阅历等方面有关系。系统的、连贯性的、单向式的说话,一般是先想后说,而且在说的过程中还要不断地思索与调整,所以应试人在进行说话准备时需要构想出一个提纲。可以从两个问题入手:说什么?怎么说?这些问题想得越迅速,考虑得越周密,口语的表达就越完善。

例:

tóngnián qùshì shuōhuà gǎo
童年趣事(说话稿)

Wǒ chūshēng zài yí gè nóngmín jiātíng Cóngxiǎo zài shāncūn zhǎngdà tóngnián
我出生在一个农民家庭。从小在山村长大,童年
shí de jīnglì hěn fēngfù qùshìr yě hěn duō rú yǎng xīshuài zhuā zhīliǎo fàng niú
时的经历很丰富,趣事儿也很多,如养蟋蟀、抓知了、放牛、
kǎn chái zuò yóuxì háiyǒu zhuā yú yóuyǒng shíjiān yǒu fùyu zài jiǎng qítā jǐ diǎn
砍柴、做游戏,还有抓鱼、游泳(时间有富余,再讲其他几点)
děng
等。

Yī shì yǎng xīshuài duānwǔ qiánhòu zhèngshì shíhou Zǎochen zǎozǎo de
一是养蟋蟀,端午前后,正是时候。早晨早早地
qǐchuáng pǎodào yěwài cǎodì shang qù xúnbǔ Xiānshì yào tīngjiàn míngjiào rán-
起床,跑到野外草地上去寻捕。先是要听见鸣叫,然
hòu zhúbù suōxiǎo fànwéi zǐxì bākāi cǎomàn bānkāi shítou zài kànzhǔn le
后逐步缩小范围,仔细扒开草蔓、搬开石头,再看准了,
kuàisù ér jīngquè de yòng shǒu zhàozhù zhǐ tīng dī dī dī jiào gè bùtíng nà jiù
快速而精确地用手罩住,只听嘀、嘀、嘀叫个不停,那就

chénggōng le Yīnwèi zhǐyǒu xióngxìng xīshuài yě jiào èryǐr cái huì yǒu xiǎng-
成功了。因为只有雄性蟋蟀，也叫二尾儿，才会有响
liàng de jiàoshēng ér zhè zhèngshì wǒmen yào yǎng qǐlai yònglái guānshǎng dǎ-
亮的叫声，而这正是我们要养起来用来观赏打
dòu de duìxiàng Zhuāzhù hòu fàngjìn zǎoyǐ zuòhǎo de xīshuài lóng li měitiān
斗的对象。抓住后，放进早已做好的蟋蟀笼里，每天
wèi tā chī wèi tā hē xīwàng tā zhǎngde gèng qiángzhuàng kěyǐ dǎbài qítā
喂它吃，喂它喝，希望它长得更强壮，可以打败其他
tónglèi Dǎdòu shí liǎng gè lóngzi kǒu duìzhù kǒu chōuqù ménbǎn yòng yì
同类。打斗时，两个笼子口对住口，抽去门板，用一
zhǒng jiào xīshuàicǎo de jīnggǎn cì jī tā zhǐhuī tā tāmen biàn kāishǐ nǐsǐ-wǒhuó
种叫蟋蟀草的茎秆刺激它，指挥它，它们便开始你死我活
de zhēngdòu le Zuìzhōng liǎng gè xiǎopéngyou kěndìng shì yí gè huānhū-
地争斗了。最终，两个小朋友，肯定是一个欢呼
quèyuè lìng yí gè chuítóu-sàngqì
雀跃，另一个垂头丧气。

èr shì jǐ gè xiǎohuǒbàn yìqǐ dào xiǎoxī li qù yào yú hé yóuyǒng Xiàtiān
二是几个小伙伴一起到小溪里去药鱼和游泳。夏天
de zhōngwǔ tiānqì tèbié yánrè dàrenmen dàduō lìyòng zhè duàn shíjiān zài jiā
的中午，天气特别炎热，大人们大多利用这段时间在家
xiūxi yíhuìr Jǐ gè xiǎopéngyou chénbuzhù qì le gàn má wǔshuì ya chūqù
休息一会儿。几个小朋友沉不住气了：“干吗午睡呀，出去
wánr a Yúshì xīnyǒu-língxī de diǎndian tóu tōutōu-mōmō de qù cháijiān
玩儿啊！”于是，心有灵犀地点点头，偷偷摸摸地去柴间
zhuāngle xiē shíhuīfěn yí liùyān shìde xiàng xiǎoxī bēnqù wǒmen shǒuxiān qù àn-
装了些石灰粉，一溜烟似的向小溪奔去。我们首先去岸
biān xúnzhǎo zuìyúcǎo bìng bǎ tā de nèn zhīyè zhāi lái Zhè zhǒng zhíwù de zhī-
边寻找醉鱼草，并把它的嫩枝叶摘来。这种植物的汁
yè duì yú yǒu yídìng de dúxìng kě yònglái yào yú Ránhòu wǒmen fēntóu hé-
液对鱼有一定的毒性，可用来药鱼。然后我们分头合
zuò yí bùfen rén qù xiàyóu dǔzhù shuǐliú fángzhǐ xiǎoyú táopǎo lìng yí bùfen
作，一部分人去下游堵住水流，防止小鱼逃跑；另一部分
rén dào shàngyóu biān cuōchū zuìyúcǎo li de zhīyè biān huòzhe shíhuī yìqǐ jiārù
人到上游，边搓出醉鱼草里的汁液边和着石灰一起加入
shuǐ zhōng Wánchéng hòu lüèwēi xiūxi yíxià jiù kàndào yìxiē xiǎoyú xiǎoxiā fǎn-
水中。完成后，略微休息一下，就看到一些小鱼小虾反
yìng chídùn nǎizhì hūnmí fān dù wǒmen yì yōng ér xià yì qiǎng ér jìn zài zhī-
应迟钝，乃至昏迷翻肚，我们一拥而下，一抢而尽，再之

hòu shì dào shàngyóu tòngkuài de xǐ gè zǎo gǎnhuí jiā qù Mǎn yǐwéi zhuāle yì
后是到上游痛快地洗个澡，赶回家去。满以为抓了一
xiǎo wǎn yú zuò wǎnfàn de cài fù-mǔqin yídìng huì kuājiǎng Nǎ liàodào dédào
小碗鱼作晚饭的菜，父母亲一定会夸奖。哪料到得到
de jìngrán shì fùmǔ de yí zhèn dúdǎ bìng jǐnggào shuō yǐ hòu zài yě bùzhǔn dào
的竟然是父母的一阵毒打，并警告说：“以后再也不准到
shuǐbiān wán shénme shíhou qù jiù shénme shíhou dǎduàn nǐ de tuǐ Dāngshí de
水边玩，什么时候去就什么时候打断你的腿。”当时的
wǒ tòngkǔ bùjiě chóushì tāmen Hòulái de wǒ yě yīncǐ méiyǒu xuéhuì yóuyǒng
我痛苦不解，仇视他们。后来的我，也因此没有学会游泳，
mányuàn tāmen ér xiànzài dāng wǒ zìjǐ yě chéngle fùqīn hòu zhōngyú huǎng-
埋怨他们。而现在，当我自己也成了父亲后，终于恍
rán-dàwù lǐjiě tāmen le Yuánlái zhè yě shì fùmǔ de yí piàn àixīn a
然大悟，理解他们了。原来这也是父母的一片爱心啊！

Zǒngzhī tóngnián shí de qùshì hěn duō tóngnián shí de jīnglì shì wǒ rén-
总之，童年时的趣事很多，童年时的经历是我人
shēng zhōng de yí dà bǐ cáifù tā duì wǒ de rénshēng fāzhǎn qǐle hěn dà de zuò-
生中的一大笔财富，它对我的人生发展起了很大的作
yòng
用。

Běn shuōhuà nèiróng tóngshí shìyòng yú yǐxià shuōhuà tímù
本说话内容同时适用于以下说话题目：
tóngnián qùshì wǒ xǐ'ài de dòngwù wǒ de xuéxí shēnghuó wǒ de
童年趣事//我喜爱的动物//我的学习生活//我的
tóngnián wǒ de yèyú shēnghuó wǒ de péngyou
童年//我的业余生活//我的朋友。

六、练习

说话题目30则

wǒ de yuànwàng huò lǐxiǎng
1. 我的愿望（或理想）

wǒ de xuéxí shēnghuó
2. 我的学习生活

wǒ zūnjìng de rén
3. 我尊敬的人

wǒ xǐ'ài de dòngwù huò zhíwù
4. 我喜爱的动物（或植物）

tóngnián de jì yì
5. 童 年 的记忆

wǒ xǐ' ài de zhíyè
6. 我 喜 爱 的 职业

nánwàng de lǚxíng
7. 难 忘 的 旅行

wǒ de péngyou
8. 我 的 朋 友

wǒ xǐ' ài de wénxué huò qítā yìshù xíngshì
9. 我 喜 爱 的 文 学（或 其他）艺术 形 式

tántan wèishēng yǔ jiànkāng
10. 谈谈 卫 生 与 健 康

wǒ de yèyú shēnghuó
11. 我 的 业余 生 活

wǒ xǐhuan de jìjié huò tiānqì
12. 我 喜欢 的 季节（或 天气）

xuéxí pǔtōnghuà de tǐhuì
13. 学 习 普 通 话 的 体会

tántan fúshì
14. 谈 谈 服饰

wǒ de jiàrì shēnghuó
15. 我 的 假日 生 活

wǒ de chéngzhǎng zhī lù
16. 我 的 成 长 之 路

tántan kējì fāzhǎn yǔ shèhuì shēnghuó
17. 谈谈 科技 发 展 与 社会 生 活

wǒ zhīdào de fēngsú
18. 我 知 道 的 风 俗

wǒ hé tǐyù
19. 我 和 体育

wǒ de jiāxiāng huò shúxī de dìfang
20. 我 的 家 乡（或 熟 悉 的 地 方）

tántan měishí
21. 谈谈 美 食

wǒ xǐhuan de jiérì
22. 我 喜 欢 的 节日

wǒ suǒ zài de jítǐ xuéxiào jīguān gōngsī děng
23. 我 所 在 的 集体（学 校 、机关 、公 司 等）

tántan shèhuì gōngdé
24. 谈谈 社会 公德

tántan gèrén xiūyǎng
25. 谈谈 个人 修养

wǒ xǐhuan de míngxīng huò qítā zhīmíng rénshì
26. 我 喜欢 的 明 星（或 其他 知 名 人士）

wǒ xǐ'ài de shūkān
27. 我 喜 爱 的 书 刊

tántan duì huánjìng bǎohù de rènshí
28. 谈谈 对 环 境 保护 的 认识

wǒ xiàngwǎng de dìfang
29. 我 向 往 的 地方

gòuwù xiāofèi de gǎnshòu
30. 购 物（消 费）的 感 受

附　录

附录1　普通话水平测试实施办法(试行)

根据国家语言文字工作委员会、国家教育委员会、广播电影电视部《关于开展普通话水平测试工作的决定》,制定本办法。

一、普通话水平测试委员会

第一条　普通话水平测试工作在国家普通话水平测试委员会的领导下,根据统一的标准和要求,在规定的范围内逐步开展。

第二条　各省(自治区、直辖市)应组建省级普通话水平测试委员会和普通话培训测试中心。中央人民广播电台、中央电视台以及具备条件的国家部委直属师范、广播、电影、戏剧等高等院校,经国家普通话水平测试委员会批准,可以成立本单位的普通话水平测试委员会,负责本单位的普通话水平测试工作。省级和部委直属单位的测试委员会接受国家普通话水平测试委员会的领导。

第三条　在普通话水平测试委员会和培训测试中心成立前,省(自治区、直辖市)内的测试工作在省(自治区、直辖市)语委、教委和广播电视厅的统一领导下进行。

二、普通话水平等级标准和《测试大纲》

第四条　普通话水平划分为三级六等(详见附件二),级和等实行量化评分。

第五条　普通话水平测试工作按照国家语委组织审定的《普通话水平测试大纲》统一测试内容和要求。

三、测试员

第六条　普通话水平测试员分国家级和省(自治区、直辖市)级两类。国家级测试员需经国家语委普通话培训测试中心培训、考核并取得由国家普通话水平测试委员会颁发的测试员证书；省级测试员需经省普通话培训测试中心培训、考核，并经国家语委普通话培训测试中心复审、备案后，由省（自治区、直辖市）普通话水平测试委员会颁发省级测试员证书。

评定普通话一级（甲、乙等）水平，必须由国家级测试员主持或复核方为有效。

第七条　测试员应熟悉和拥护国家语言文字工作方针、政策，热心语言文字工作，熟练掌握汉语拼音，普通话水平达到一级乙等以上（省级测试员少部分1946年以前出生的可放宽到二级甲等），具有大专毕业文化程度和三年以上工作实践，并有较高的语音分辨能力，作风正派。

国家级测试员最低上岗年龄为25岁，省级测试员最低上岗年龄为24岁。

第八条　测试员在省（自治区、直辖市）培训测试中心（或部委直属单位的普通话水平测试委员会）的组织领导下承担测试任务，测试工作必须严格按统一的测试标准和要求独立进行。

第九条　等级测试需有三名测试员协同工作（分别测试，综合评议）方为有效。评定意见不一致时，以多数人的意见为准。人员不足时，可用加强上级复审的办法过渡。

第十条　测试员不能正确掌握测试标准或在工作中有徇私舞弊行为时，省（自治区、直辖市）或部委直属单位的普通话水平测试委员会应在一定时间内（半年至一年）停止其测试工作，错误性质严重的应撤销其测试员资格。对国家级测试员的处分和撤销处分的决定应通知国家语委普通话培训测试中心。

四、应试人员

第十一条　1946年1月1日以后出生至现年满18岁（个别可放宽到16岁）之间的下列人员应接受普通话水平测试：

1. 中小学教师；
2. 中等师范学校教师和高等院校文科教师；
3. 师范院校毕业生（高等师范里，首先是文科类毕业生）；
4. 广播、电视、电影、戏剧，以及外语、旅游等高等院校和中等职业学校相关专业的教师和毕业生；
5. 各级广播电台、电视台的播音员、节目主持人；
6. 从事电影、电视剧、话剧表演和影视配音的专业人员；

7. 其他应当接受普通话水平测试的人员和自愿申请接受普通话水平测试的人员。

第十二条　现阶段对一些岗位和专业人员的普通话等级要求：

1. 教师和师范院校毕业生应达到二级或一级水平，语文科教师应略高于其他学科教师的水平。

2. 专门从事普通话语音教学的教师和从事播音、电影、电视剧、话剧表演、配音的专业人员，以及与此相关专业的毕业生应达到一级甲等或一级乙等水平。

五、普通话等级证书

第十三条　普通话等级证书由省（自治区、直辖市）培训测试中心或部委直属单位普通话水平测试委员会颁发。

第十四条　普通话等级证书全国统一格式（见附件三），由各省（自治区、直辖市）分别编号。

第十五条　测试评定的普通话一级甲等，需分批报国家语委普通话培训测试中心复审。复审比例为：10 名以内复审 1/3，11 名～50 名以内复审 1/5，51 名以上复审 1/10。复审后，在国家语委普通话培训测试中心备案，省（自治区、直辖市）培训测试中心注册。证书由国家语委普通话培训测试中心盖章后，由省（自治区、直辖市）培训测试中心颁发。

测试评定的一级乙等，在省（自治区、直辖市）培训测试中心注册，在国家语委普通话培训测试中心备案，必要时得由国家语委普通话培训测试中心抽查，然后由省（自治区、直辖市）培训测试中心颁发证书。

测试评定的二级甲、乙等，报省（自治区、直辖市）培训测试中心备案并发证书。

测试工作的重点是工作和学习需要普通话水平应达到一级或二级的人员。普通话三级水平测试由各地按照测试标准和大纲的要求，根据各地的情况和工作的需要组织进行。

第十六条　未进入规定等级或要求晋升等级的人员，需在前次测试 5 个月之后方能提出受试申请。

六、附则

第十七条　本办法由国家语委普通话培训测试中心负责解释。

第十八条　本办法自 1994 年 10 月 30 日起实施。

附录2　汉语拼音方案

一、字母表

Aa	Bb	Cc	Dd	Ee	Ff	Gg
ㄚ	ㄅㄝ	ㄘㄝ	ㄉㄝ	ㄜ	ㄝㄈ	ㄍㄝ
Hh	Ii	Jj	Kk	Ll	Mm	Nn
ㄏㄚ	ㄧ	ㄐㄧㄝ	ㄎㄝ	ㄝㄌ	ㄝㄇ	ㄋㄝ

Oo	Pp	Qq	Rr	Ss	Tt
ㄛ	ㄆㄝ	ㄑㄧㄡ	ㄚㄦ	ㄝㄙ	ㄊㄝ
Uu	Vv	Ww	Xx	Yy	Zz
ㄨ	ㄪㄝ	ㄨㄚ	ㄒㄧ	ㄧㄚ	ㄗㄝ

V只用来拼写外来法、少数民族语言和方言。字母的手写体依照拉丁字母的一般书写习惯。

二、声母表

b	p	m	f	d	t	n	l
ㄅ玻	ㄆ坡	ㄇ摸	ㄈ佛	ㄉ得	ㄊ特	ㄋ讷	ㄌ勒

g	k	h	j	q	x
ㄍ哥	ㄎ科	ㄏ喝	ㄐ基	ㄑ欺	ㄒ希

zh	ch	sh	r	z	c	s
ㄓ知	ㄔ蚩	ㄕ诗	ㄖ日	ㄗ资	ㄘ雌	ㄙ思

在给汉字注音的时候，为了使拼式简短，zh ch sh 可以省作 ẑĉŝ。

三、韵母表

	i ㄧ衣	u ㄨ乌	ü ㄩ迂
a ㄚ啊	ia ㄧㄚ呀	ua ㄨㄚ蛙	
o ㄛ喔		uo ㄨㄛ窝	
e ㄜ鹅	ie ㄧㄝ耶		üe ㄩㄝ约
ai ㄞ哀		uai ㄨㄞ歪	
ei ㄟ欸		uei ㄨㄟ威	
ao ㄠ熬	iao ㄧㄠ腰		
ou ㄡ欧	iou ㄧㄡ忧		
an ㄢ安	ian ㄧㄢ烟	uan ㄨㄢ弯	üan ㄩㄢ冤
en ㄣ恩	in ㄧㄣ因	uen ㄨㄣ温	ün ㄩㄣ晕

ang ㄤ昂	iang ㄧㄤ央	uang ㄨㄤ汪	
eng ㄥ亨的韵母	ing ㄧㄥ英	ueng ㄨㄥ翁	
ong （ㄨㄥ）轰的韵母	iong ㄩㄥ雍		

（1）“知、蚩、诗、日、资、雌、思”等七个音节的韵母用 i，即：知、蚩、诗、日、资、雌、思等字拼作 zhi、chi、shi、ri、zi、ci、si。

（2）韵母ㄦ写成 er，用作韵尾的时候写成 r，例如：“儿童”拼作 ertong，“花儿”拼作 huar。

（3）韵母ㄝ单用的时候写成 ê。

（4）i 行的韵母，前面没有声母的时候，写成 yi（衣）、ya（呀）、ye（耶）、yao（腰）、you（忧）、yan（烟）、yin（因）、yang（央）、ying（英）、yong（雍）。u 行的韵母，前面没有声母的时候，写成 wu（乌）、wa（蛙）、wo（窝）、wai（歪）、wei（威）、wan（弯）、wen（温）、wang（汪）、weng（翁）。ü 行的韵母，前面没有声母的时候，写成 yu（迂）、yue（约）、yuan（冤）、yun（晕），ü 上两点省略。ü 行的韵母跟声母 j、q、x 拼的时候，写成 ju（居）、qu（区）、xu（虚），ü 上两点也省略；但是跟声母 n、l 拼的时候，仍然写成 nü（女）、lü（吕）。

（5）iou、uei、uen 前面加声母的时候，写成 iu、ui、un，例如 niu（牛）、gui（归）、lun（论）。

（6）在给汉字注音的时候，为了使拼式简短，ng 可以省作 ŋ。

四、声调符号

阴平	阳平	上声	去声
ˉ	ˊ	ˇ	ˋ

声调符号标在音节的主要母音上。轻声不标。例如：

妈 mā　　麻 má　　马 mǎ　　骂 mà　　吗 ma

（阴平）　（阳平）　（上声）　（去声）　（轻声）

五、隔音符号

a、o、e 开头的音节连接在其他音节后面的时候，如果音节的界限发生混淆，用隔音符号(')隔开，例如：pi'ao(皮袄)。

附录3　普通话异读词审音表

A

阿(一)ā

~訇　~罗汉　~木林　~姨

(二)ē

~谀　~附　~胶　~弥陀佛

挨(一)āi

~个　~近

(二)ái

~打　~说

癌 ái(统读)

霭 ǎi(统读)

蔼 ǎi(统读)

隘 ài(统读)

谙 ān(统读)

埯 ǎn(统读)

昂 áng(统读)

凹 āo(统读)

拗(一)ào

~口

(二)niù

执~　脾气很~

坳 ào(统读)

B

拔 bá(统读)

把 bà

印~子

白 bái(统读)

膀 bǎng

翅~

蚌(一)bàng

蛤~

(二)bèng

~埠

傍 bàng(统读)

磅 bàng

过~

龅 bāo(统读)

胞 bāo(统读)

薄(一)báo(语)

常单用，如"纸很~"。

(二)bó(文)

多用于复音词。

~弱　稀~　淡~　尖嘴~舌

单~　厚~

堡(一)bǎo

碉~　~垒

(二)bǔ

~子　吴~　瓦窑~　柴沟~

(三)pù

十里~

暴(一)bào

~露

(二)pù

一~(曝)十寒

爆 bào(统读)

焙 bèi(统读)

惫 bèi(统读)

背 bèi

~脊　~静

鄙 bǐ(统读)

俾 bǐ(统读)

笔 bǐ(统读)

比 bǐ(统读)

臂(一)bì

手~　~膀

(二)bei

胳~

庇 bì(统读)

髀 bì(统读)

避 bì(统读)

辟 bì

复~

裨 bì

~补　~益

婢 bì(统读)

痹 bì(统读)

壁 bì(统读)

蝙 biān(统读)

遍 biàn(统读)

骠(一)biāo

黄~马

(二)piào

~骑　~勇

傧 bīn(统读)

缤 bīn(统读)

濒 bīn(统读)

髌 bìn(统读)

屏(一)bǐng

~除　~弃　~气　~息

(二)píng

~藩　~风

柄 bǐng(统读)

波 bō(统读)

播 bō(统读)

菠 bō(统读)

剥(一)bō(文)

~削

(二)bāo(语)

泊(一)bó

淡~　漂~　停~

(二)pō

湖~　血~

帛 bó(统读)

勃 bó(统读)

钹 bó(统读)

伯(一)bó

~~(bo)　老~

(二)bǎi

大~子(丈夫的哥哥)

箔 bó(统读)

簸(一)bǒ

颠~

(二)bò

~箕

膊 bo

胳～

卜 bo

萝～

醭 bú（统读）

哺 bǔ（统读）

捕 bǔ（统读）

鵏 bǔ（统读）

埠 bù（统读）

C

残 cán（统读）

惭 cán（统读）

灿 càn（统读）

藏（一）cáng

矿～

（二）zàng

宝～

糙 cāo（统读）

嘈 cáo（统读）

螬 cáo（统读）

厕 cè（统读）

岑 cén（统读）

差（一）chā（文）

不～累黍　不～什么　偏～

色～　～别　视～　误～

电势～　一念之～　～池

～错　言～语错　一～二错

阴错阳～　～等　～额

～价　～强人意　～数

～异

（二）chà（语）

～不多　～不离　～点儿

（三）cī

参～

猹 chá（统读）

搽 chá（统读）

阐 chǎn（统读）

羼 chàn（统读）

颤（一）chàn

～动　发～

（二）zhàn

～栗（战栗）　打～（打战）

韂 chàn（统读）

伥 chāng（统读）

场（一）chǎng

～合　～所　冷～　捧～

（二）cháng

外～　圩～　～院　一～雨

钞 chāo（统读）

巢 cháo（统读）

嘲 cháo

～讽　～骂　～笑

耖 chào（统读）

车（一）chē

安步当～　杯水～薪

闭门造～　螳臂当～

（二）jū

（象棋棋子名称）

晨 chén（统读）

称 chèn

～心　～意　～职　对～

相～

撑 chēng（统读）

乘（动作义，念 chéng）

~便　~风破浪　~客
~势　~兴
橙 chéng(统读)
惩 chéng(统读)
澄(一)chéng(文)
~清(如"~清混乱"、"~清问题")
(二)dèng(语)
单用,如"把水~清了"。
痴 chī(统读)
吃 chī(统读)
弛 chí(统读)
褫 chǐ(统读)
尺 chǐ
~寸　~头
豉 chǐ(统读)
侈 chǐ(统读)
炽 chì(统读)
舂 chōng(统读)
冲 chòng
~床　~模
臭(一)chòu
遗~万年
(二)xiù
乳~　铜~
储 chǔ(统读)
处 chǔ(动作义)
~罚　~分　~决　~理
~女　~置
畜(一)chù(名物义)
~力　家~　牲~
幼~
(二)xù(动作义)
~产　~牧　~养
触 chù(统读)
搐 chù(统读)
绌 chù(统读)
黜 chù(统读)
闯 chuǎng(统读)
创(一)chuàng
草~　~举　首~　~造
~作
(二)chuāng
~伤　重~
绰(一)chuò
~~有余
(二)chāo
~起(一根棍子)
疵 cī(统读)
雌 cí(统读)
赐 cì(统读)
伺 cì
~候
枞(一)cōng
~树
(二)zōng
~阳〔地名〕
从 cóng(统读)
丛 cóng(统读)
攒 cuán
万头~动　万箭~心
脆 cuì(统读)
撮(一)cuō
~儿　一~儿盐　一~儿匪帮
(二)zuǒ
一~儿毛

措 cuò(统读)

D

搭 dā(统读)

答(一)dá

报～ ～复

(二)dā

～理 ～应

打dá

苏～ 一～(十二个)

大(一)dà

～夫(古官名) ～王(如爆破～王、钢铁～王)

(二)dài

～夫(医生) ～王(如山～王)

～城〔地名〕

呆 dāi(统读)

傣 dǎi(统读)

逮(一)dài(文)如“～捕”。

(二)dǎi(语)单用,

如“～蚊子”“～特务”。

当(一)dāng

～地 ～间儿 ～年(指过去)

～日(指过去) ～天(指过去)

～时(指过去) 螳臂～车

(二)dàng

一个～俩 安步～车 适～

～年(同一年) ～天(同一天)

档 dàng(统读)

蹈 dǎo(统读)

导 dǎo(统读)

倒(一)dǎo

颠～ 颠～是非 颠～黑白

颠三～四 排山～海 ～板

～嚼 ～仓 ～嗓 ～戈

潦～

(二)dào

～立 倾箱～箧

悼 dào(统读)

纛 dào(统读)

凳 dèng(统读)

羝 dī(统读)

氐 dī〔古民族名〕

堤 dī(统读)

提 dī

～防

的 dí

～当 ～确

抵 dǐ(统读)

蒂 dì(统读)

缔 dì(统读)

谛 dì(统读)

点 dian

打～(收拾、贿赂)

跌 diē(统读)

蝶 dié(统读)

订 dìng(统读)

都(一)dōu

～来了

(二)dū

～市 首～

堆 duī(统读)

吨 dūn(统读)

盾 dùn(统读)

多 duō(统读)

咄 duō(统读)

掇duo

撺～　掂～

裰 duō(统读)

踱 duó(统读)

度 duó

忖～　～德量力

E

婀 ē(统读)

F

伐 fá(统读)

阀 fá(统读)

砝 fǎ(统读)

法 fǎ(统读)

发 fà(头发)

理～　脱～　结～

帆 fān(统读)

藩 fān(统读)

梵 fàn(统读)

坊(一)fāng

牌～　～巷

(二)fáng

粉～　磨～　作～　染～

油～　谷～

妨 fáng(统读)

防 fáng(统读)

肪 fáng(统读)

沸 fèi(统读)

汾 fén(统读)

讽 fěng(统读)

肤 fū(统读)

敷 fū(统读)

俘 fú(统读)

浮 fú(统读)

服 fú

～毒　～药

拂 fú(统读)

辐 fú(统读)

幅 fú(统读)

甫 fǔ(统读)

复 fù(统读)

缚 fù(统读)

G

噶 gá(统读)

冈 gāng(统读)

刚 gāng(统读)

岗 gǎng

～楼　～哨　～子　门～

站～　山～子

港 gǎng(统读)

葛(一)gé

～藤　～布　瓜～

(二)gě[姓](包括单、复姓)

隔 gé(统读)

革 gé

～命　～新　改～

合 gě(一升的十分之一)

给(一)gěi(语)单用。

(二)jǐ(文)

补～　供～　供～制　～予

配～　自～自足

亘 gèn(统读)

更 gēng

五～　～生

颈 gěng

脖～儿

供(一)gōng

~给　提~　~销

（二）gòng

口~　翻~　上~

佝 gōu（统读）

枸 gǒu

~杞

勾 gòu

~当

估（除“~衣”读 gù 外，都读 gū）

骨（除“~碌”“~朵”读 gū 外，都读 gǔ）

谷 gǔ

~雨

锢 gù（统读）

冠（一）guān（名物义）

~心病

（二）guàn（动作义）

沐猴而~　~军

犷 guǎng（统读）

庋 guǐ（统读）

桧

（一）guì［树名］

（二）huì［人名］“秦~”。

刽 guì（统读）

聒 guō（统读）

蝈 guō（统读）

过（除姓氏读 guō 外，都读 guò）

H

虾 há

~蟆

哈（一）hǎ

~达

（二）hà

~士蟆

汗 hán

可~

巷 hàng

~道

号 háo

寒~虫

和（一）hè

唱~　附~　曲高~寡

（二）huo

搀~　搅~　暖~　热~

软~

貉（一）hé（文）

一丘之~

（二）háo（语）

~绒　~子

壑 hè（统读）

褐 hè（统读）

喝 hè

~采　~道　~令　~止

呼幺~六

鹤 hè（统读）

黑 hēi（统读）

亨 hēng（统读）

横（一）héng

~肉　~行霸道

（二）hèng

蛮~　~财

訇 hōng（统读）

虹（一）hóng（文）

彩~　~吸

（二）jiàng（语）单说。

讧 hòng（统读）

囫 hú(统读)
瑚 hú(统读)
蝴 hú(统读)
桦 huà(统读)
徊 huái(统读)
踝 huái(统读)
浣 huàn(统读)
黄 huáng(统读)
荒huang
饥～(指经济困难)
诲 huì(统读)
贿 huì(统读)
会 huì
一～儿　多～儿　～厌(生理名词)
混 hùn
～合　～乱　～凝土　～淆
～血儿　～杂
蠖 huò(统读)
霍 huò(统读)
豁 huò
～亮
获 huò(统读)

J

羁 jī(统读)
击 jī(统读)
奇 jī
～数
芨 jī(统读)
缉(一)jī
通～　侦～
(二)qī
～鞋口
几 jī
茶～　条～
圾 jī(统读)
戢 jí(统读)
疾 jí(统读)
汲 jí(统续)
棘 jí(统读)
藉 jí
狼～(籍)
嫉 jí(统读)
脊 jǐ(统读)
纪(一)jǐ〔姓〕
(二)jì～念　～律　纲～
～元
偈jì
～语
绩 jì(统读)
迹 jì(统读)
寂 jì(统读)
箕 ji
簸～
辑 ji
逻～
茄 jiā
雪～
夹 jiā
～带藏掖　～道儿　～攻
～棍　～生　～杂　～竹桃
～注
浃 jiā(统读)
甲 jiǎ(统读)
歼 jiān(统读)
鞯 jiān(统读)

间(一)jiān

~不容发　中~

(二)jiàn

中~儿　~道　~谍　~断

~或　~接　~隙　~作

挑拨离~

趼 jiǎn(统读)

俭 jiǎn(统读)

缰 jiāng(统读)

膙 jiǎng(统读)

嚼(一)jiáo(语)

味同~蜡　咬文~字

(二)jué(文)

咀~　过屠门而大~

(三)jiào

倒~(倒嚼)

侥 jiǎo

~幸

角(一)jiǎo

八~(大茴香)　~落　独~戏

~膜　~度　~儿(犄~)

~楼　钩心斗~　号~　口~

(嘴~)　鹿~菜　头~

(二)jué

~斗　~儿(脚色)　口~

(吵嘴)　主~儿　配~儿

~力　捧~儿

脚(一)jiǎo

~跟

(二)jué

~色(也作"角儿")

剿(一)jiǎo

围~

(二)chāo

~说　~袭

校 jiào

~勘　~样　~正

较 jiào(统读)

酵 jiào(统读)

嗟 jiē(统读)

疖 jiē(统读)

结(除"~了个果子""开花~果""~巴""~实"念 jiē 之外,其他都念 jié)

睫 jié(统读)

芥(一)jiè

~菜(一般的芥菜)　~末

(二)gài

~菜(也作"盖菜")~蓝

矜 jīn

~持　自~　~怜

仅 jǐn

~~　绝无~有

馑 jǐn(统读)

觐 jìn(统读)

浸 jìn(统读)

斤jin

千~(起重的工具)

茎 jīng(统读)

粳 jīng(统读)

鲸 jīng(统读)

境 jìng(统读)

痉 jìng(统读)

劲 jìng

刚~

窘 jiǒng(统读)

究 jiū(统读)
纠 jiū(统读)
鞠 jū(统读)
鞫 jū(统读)
掬 jū(统读)
苴 jū(统读)
咀 jǔ
~嚼
矩(一)jǔ
~形
(二)ju
规~
俱 jù(统读)
龟 jūn
~裂(也作"皲裂")
菌(一)jūn
细~ 病~ 杆~ 霉~
(二)jùn
香~ ~子
俊 jùn(统读)

K

卡(一)kǎ
~宾枪 ~车 ~介苗
~片 ~通
(二)qiǎ
~子 关~
揩 kāi(统读)
慨 kǎi(统读)
忾 kài(统读)
勘 kān(统读)
看 kān
~管 ~护 ~守
慷 kāng(统读)
拷 kǎo(统读)
坷 kē
~垃(拉)
疴 kē(统读)
壳(一)ké(语)
~儿 贝~儿 脑~ 驳~枪
(二)qiào(文)
地~ 甲~ 躯~
可(一)kě
~~儿的
(二)kè
~汗
恪 kè(统读)
刻 kè(统读)
克 kè
~扣
空(一)kōng
~心砖 ~城计
(二)kòng
~心吃药
眍 kōu(统读)
矻 kū(统读)
酷 kù(统读)
框 kuàng(统读)
矿 kuàng(统读)
傀 kuǐ(统读)
溃(一)kuì
~烂
(二)huì
~脓
篑 kuì(统读)
括 kuò(统读)

L

垃 lā(统读)

邋 lā(统读)

罱 lǎn(统读)

缆 lǎn(统读)

蓝 lan

苤～

琅 láng(统读)

捞 lāo(统读)

劳 láo(统读)

醪 láo(统读)

烙(一)lào

～印　～铁　～饼

(二)luò

炮～(古酷刑)

勒(一)lè(文)

～逼　～令　～派　～索

悬崖～马

(二)lēi(语)多单用。

擂(除"～台""打～"读 lèi 外,都读 léi)

礌 léi(统读)

羸 léi(统读)

蕾 lěi(统读)

累(一)lèi

(辛劳义,如"受～"〔受劳～〕)

(二)léi

(如"～赘")

(三)lěi

(牵连义,如"带～""～及""连～""赔～""牵～""受～"〔受牵～〕)

蠡(一)lí

管窥～测

(二)lǐ

～县　范～

喱 lí(统读)

连 lián(统读)

敛 liǎn(统读)

恋 liàn(统读)

量(一)liàng

～入为出　忖～

(二)liang

打～

踉 liàng

～跄

潦 liáo

～草　～倒

劣 liè(统读)

捩 liè(统读)

趔 liè(统读)

拎 līn(统读)

遴 lín(统读)

淋(一)lín

～浴　～漓　～巴

(二)lìn

～硝　～盐　～病

蛉 líng(统读)

榴 liu

石～

馏(一)liú(文)如"干～""蒸～"。

(二)liù(语)如"～馒头"。

镏 liú

～金

碌 liù

~碡
笼(一)lóng(名物义)
~子　牢~
(二)lǒng(动作义)
~络　~括　~统　~罩
偻(一)lóu
佝~
(二)lǚ
伛~
瞜 lou
眍~
虏 lǔ(统读)
掳 lǔ(统读)
露(一)lù(文)
赤身~体　~天　~骨
~头角　藏头~尾
抛头~面　~头(矿)
(二)lòu(语)
~富　~苗　~光　~相
~马脚　~头
榈 lǘ(统读)
捋(一)lǚ
~胡子
(二)luō
~袖子
绿(一)lǜ(语)
(二)lù(文)
~林　鸭~江
孪 luán(统读)
挛 luán(统读)
掠 lüè(统读)
囵 lún(统读)
络 luò
~腮胡子
落(一)luò(文)
~膘　~花生　~魄　涨~
~槽　着~
(二)lào(语)
~架　~色　~炕　~枕
~儿　~子(一种曲艺)
(三)là(语)遗落义。
丢三~四　~在后面

M

脉(除"~~"念 mòmò 外,一律念 mài)
漫 màn(统读)
蔓(一)màn(文)
~延　不~不支
(二)wàn(语)
瓜~　压~
牤 māng(统读)
氓 máng
流~
芒 máng(统读)
铆 mǎo(统读)
瑁 mào(统读)
虻 méng(统读)
盟 méng(统读)
祢 mí(统读)
眯(一)mí
~了眼(灰尘等入目,也作"迷")
(二)mī
~了一会儿(小睡)　~缝着眼(微微合目)
靡(一)mí
~费

(二)mǐ

风～　委～　披～

秘(除“～鲁”读 bì 外,都读 mì)

泌(一)mì(语)

分～

(二)bì(文)

～阳〔地名〕

娩 miǎn(统读)

渺 miǎo(统读)

皿 mǐn(统读)

闽 mǐn(统读)

茗 míng(统读)

酩 mǐng(统读)

谬 miù(统读)

摸 mō(统读)

模(一)mó

～范　～式　～型　～糊

～特儿　～棱两可

(二)mú

～子　～具　～样

膜 mó(统读)

摩 mó

按～　抚～

嬷 mó(统读)

墨 mò(统读)

耱 mò(统读)

沫 mò(统读)

缪 móu

绸～

N

难(一)nán

～点　～兄～弟(难得的兄弟,现多用作贬义)

(二)nàn

排～解纷　发～　刁～

责～　～兄～弟(共患难或同受苦难的人)

蝻 nǎn(统读)

蛲 náo(统读)

讷 nè(统读)

馁 něi(统读)

嫩 nèn(统读)

恁 nèn(统读)

妮 nī(统读)

拈 niān(统读)

鲇 nián(统读)

酿 niàng(统读)

尿(一)niào

糖～病

(二)suī(只用于口语名词)

～脬

嗫 niè(统读)

宁(一)níng

安～　〔姓〕

(二)nìng

～可　无～

忸 niǔ(统读)

脓 nóng(统读)

弄(一)nòng

玩～

(二)lòng

～堂

暖 nuǎn(统读)

衄 nǜ(统读)

疟(一)nüè(文)

～疾

(二)yào(语)

发~子

娜(一)nuó

婀~ 袅~

(二)nà

(人名)

O

殴 ōu(统读)

呕 ǒu(统读)

P

杷 pá(统读)

琶 pá(统读)

牌 pái(统读)

排 pǎi

~子车

迫 pǎi

~击炮

湃 pài(统读)

爿 pán(统读)

胖 pán

心广体~(~为安舒貌)

蹒 pán(统读)

畔 pàn(统读)

乓 pāng(统读)

滂 pāng(统读)

脬 pāo(统读)

胚 pēi(统读)

喷(一)pēn

~嚏

(二)pèn

~香

(三)pen

嚏~

澎 péng(统读)

坯 pī(统读)

披 pī(统读)

匹 pǐ(统读)

僻 pì(统读)

譬 pì(统读)

片(一)piàn

~子 唱~ 画~ 相~ 影~ ~儿会

(二)piān(口语一部分词)

~子 ~儿 唱~儿 画~儿 相~儿 影~儿

剽 piāo(统读)

缥 piāo

~缈(飘渺)

撇 piē

~弃

聘 pìn(统读)

乒 pīng(统读)

颇 pō(统读)

剖 pōu(统读)

仆(一)pū

前~后继

(二)pú

~从

扑 pū(统读)

朴(一)pǔ

俭~ ~素 ~质

(二)pō

~刀

(三)pò

~硝

蹼 pǔ(统读)

瀑 pù

~布

曝(一)pù

一~十寒

(二)bào

~光(摄影术语)

Q

栖 qī

两~

戚 qī(统读)

漆 qī(统读)

期 qī(统读)

蹊 qī

~跷

蛴 qí(统读)

畦 qí(统读)

萁 qí(统读)

骑 qí(统读)

企 qǐ(统读)

绮 qǐ(统读)

杞 qǐ(统读)

槭 qì(统读)

洽 qià(统读)

签 qiān(统读)

潜 qián(统读)

荨(一)qián(文)

~麻

(二)xún(语)

~麻疹

嵌 qiàn(统读)

欠 qian

打哈~

戕 qiāng(统读)

镪 qiāng

~水

强(一)qiáng

~渡 ~取豪夺 ~制

博闻~识

(二)qiǎng

勉~ 牵~ ~词夺理

~迫 ~颜为笑

(三)jiàng

倔~

襁 qiǎng(统读)

跄 qiàng(统读)

悄(一)qiāo

~~儿的

(二)qiǎo

~默声儿的

橇 qiāo(统读)

翘(一)qiào(语)

~尾巴

(二)qiáo(文)

~首 ~楚 连~

怯 qiè(统读)

挈 qiè(统读)

趄 qie

趔~

侵 qīn(统读)

衾 qīn(统读)

噙 qín(统读)

倾 qīng(统读)

亲 qìng

~家

穹 qióng(统读)

黢 qū(统读)

曲(麯)qū
大～　红～
渠 qú(统读)
瞿 qú(统读)
蠼 qú(统读)
苣 qǔ
～荬菜
龋 qǔ(统读)
趣 qù(统读)
雀 què
～斑　～跃
qiǎo
家～儿　～盲眼

R

髯 rán(统读)
攘 rǎng(统读)
桡 ráo(统读)
绕 rào(统读)
任 rén〔姓,地名〕
妊 rèn(统读)
扔 rēng(统读)
容 róng(统读)
糅 róu(统读)
茹 rú(统读)
孺 rú(统读)
蠕 rú(统读)
辱 rǔ(统读)
挼 ruó(统读)

S

靸 sǎ(统读)
噻 sāi(统读)
散(一)sǎn
懒～　零零～～　～漫
(二)sàn
～布
丧 sang
哭～着脸
扫(一)sǎo
～兴
(二)sào
～帚
埽 sào(统读)
色(一)sè(文)
(二)shǎi(语)
塞(一)sè(文)动作义。
(二)sāi(语)名物义,如"活～""瓶～";动作义,如"把洞～住"。
森 sēn(统读)
煞(一)shā
～尾　收～
(二)shà
～白
啥 shá(统读)
厦(一)shà(语)
(二)xià(文)
～门　噶～
杉(一)shān(文)
紫～　红～　水～
(二)shā(语)
～篙　～木
衫 shān(统读)
姗 shān(统读)
苫(一)shàn(动作义,如"～布")
(二)shān(名物义,如"草～子")
墒 shāng(统读)

猞 shē(统读)
舍 shè
宿～
慑 shè(统读)
摄 shè(统读)
射 shè(统读)
谁 shéi,又音 shuí
娠 shēn(统读)
什(甚)shén
～么
蜃 shèn(统读)
葚(一)shèn(文)
桑～
(二)rèn(语)
桑～儿
胜 shèng(统读)
识 shí
常～　～货　～字
似 shì
～的
室 shì(统读)
螫(一)shì(文)
(二)zhē(语)
匙 shi
钥～
殊 shū(统读)
蔬 shū(统读)
疏 shū(统读)
叔 shū(统读)
淑 shū(统读)
菽 shū(统读)
熟(一)shú(文)
(二)shóu(语)
署 shǔ(统读)
曙 shǔ(统读)
漱 shù(统读)
戍 shù(统读)
蟀 shuài(统读)
孀 shuāng(统读)
说 shuì
游～
数 shuò
～见不鲜
硕 shuò(统读)
蒴 shuò(统读)
艘 sōu(统读)
嗾 sǒu(统读)
速 sù(统读)
塑 sù(统读)
虽 suī(统读)
绥 suí(统读)
髓 suǐ(统读)
遂(一)suì
不～　毛～自荐
(二)suí
半身不～
隧 suì(统读)
隼 sǔn(统读)
莎 suō
～草
缩(一)suō
收～
(二)sù
～砂密(一种植物)
嗍 suō(统读)
索 suǒ(统读)

T

趿 tā(统读)
鳎 tǎ(统读)
獭 tǎ(统读)
沓(一)tà
重～
(二)ta
疲～
(三)dá
一～纸
苔(一)tái(文)
(二)tāi(语)
探 tàn(统读)
涛 tāo(统读)
悌 tì(统读)
佻 tiāo(统读)
调 tiáo
～皮
帖(一)tiē
妥～　伏伏～～　俯首～耳
(二)tiě
请～　字～儿
(三)tiè
字～　碑～
听 tīng(统读)
庭 tíng(统读)
骰 tóu(统读)
凸 tū(统读)
突 tū(统读)
颓 tuí(统读)
蜕 tuì(统读)
臀 tún(统读)
唾 tuò(统读)

W

娲 wā(统读)
挖 wā(统读)
瓦 wà
～刀
㖞 wāi(统读)
蜿 wān(统读)
玩 wán(统读)
惋 wǎn(统读)
脘 wǎn(统读)
往 wǎng(统读)
忘 wàng(统读)
微 wēi(统读)
巍 wēi(统读)
薇 wēi(统读)
危 wēi(统读)
韦 wéi(统读)
违 wéi(统读)
唯 wéi(统读)
圩(一)wéi
～子
(二)xū
～(墟)场
纬 wěi(统读)
委 wěi
～靡
伪 wěi(统读)
萎 wěi(统读)
尾(一)wěi
～巴
(二)yǐ
马～罗　三～儿
尉 wèi

~官
文 wén(统读)
闻 wén(统读)
紊 wěn(统读)
喔 wō(统读)
蜗 wō(统读)
硪 wò(统读)
诬 wū(统读)
梧 wú(统读)
牾 wǔ(统读)
乌 wù
~拉(也作“靰鞡”)~拉草
杌 wù(统读)
鹜 wù(统读)

X

夕 xī(统读)
汐 xī(统读)
晰 xī(统读)
析 xī(统读)
皙 xī(统读)
昔 xī(统读)
溪 xī(统读)
悉 xī(统读)
熄 xī(统读)
蜥 xī(统读)
螅 xī(统读)
惜 xī(统读)
锡 xī(统读)
樨 xī(统读)
袭 xí(统读)
檄 xí(统读)
峡 xiá(统读)
暇 xiá(统读)
吓 xià
杀鸡~猴
鲜 xiān
屡见不~　数见不~
锨 xiān(统读)
纤 xiān
~维
涎 xián(统读)
弦 xián(统读)
陷 xiàn(统读)
霰 xiàn(统读)
向 xiàng(统读)
相 xiàng
~机行事
淆 xiáo(统读)
哮 xiào(统读)
些 xiē(统读)
颉 xié
~颃
携 xié(统读)
偕 xié(统读)
挟 xié(统读)
械 xiè(统读)
馨 xīn(统读)
囟 xìn(统读)
行 xíng
操~　德~　发~　品~
省 xǐng
内~　反~　~亲　不~人事
芎 xiōng(统读)
朽 xiǔ(统读)
宿 xiù

星～　二十八～

煦 xù(统读)

蓿 xu

苜～

癣 xuǎn(统读)

削(一)xuē(文)

剥～　～减　瘦～

(二)xiāo(语)

切～　～铅笔　～球

穴 xué(统读)

学 xué(统读)

雪 xuě(统读)

血(一)xuè(文)用于复音词及成语,如“贫～”“心～”“呕心沥～”“～泪史”“狗～喷头”等。

(二)xiě(语)口语多单用,如“流了点儿～”及几个口语常用词,如:“鸡～”“～晕”“～块子”等。

谑 xuè(统读)

寻 xún(统读)

驯 xùn(统读)

逊 xùn(统读)

熏 xùn

煤气～着了

徇 xùn(统读)

殉 xùn(统读)

蕈 xùn(统读)

Y

押 yā(统读)

崖 yá(统读)

哑 yǎ

～然失笑

亚 yà(统读)

殷 yān

～红

芫 yán

～荽

筵 yán(统读)

沿 yán(统读)

焰 yàn(统读)

夭 yāo(统读)

肴 yáo(统读)

杳 yǎo(统读)

舀 yǎo(统读)

钥(一)yào(语)

～匙

(二)yuè(文)

锁～

曜 yào(统读)

耀 yào(统读)

椰 yē(统读)

噎 yē(统读)

叶 yè

～公好龙

曳 yè

弃甲～兵　摇～　～光弹

屹 yì(统读)

轶 yì(统读)

谊 yì(统读)

懿 yì(统读)

诣 yì(统读)

艾 yì

自怨自～

荫 (一)yīn

绿树成～

(二)yìn

～庇　～凉

应(一)yīng

～届　～名儿　～许　提出的条件他都～了　是我～下来的任务

(二)yìng

～承　～付　～声　～时

～验　～邀　～用　～运

～征

里～外合

萦 yíng(统读)

映 yìng(统读)

佣 yōng

～工

庸 yōng(统读)

臃 yōng(统读)

壅 yōng(统读)

拥 yōng(统读)

踊 yǒng(统读)

咏 yǒng(统读)

泳 yǒng(统读)

莠 yǒu(统读)

愚 yú(统读)

娱 yú(统读)

愉 yú(统读)

伛 yǔ(统读)

屿 yǔ(统读)

吁 yù

呼～

跃 yuè(统读)

晕(一)yūn

～倒　头～

(二)yùn

月～　血～　～车

酝 yùn(统读)

Z

匝 zā(统读)

杂 zá(统读)

载(一)zǎi

登～　记～

(二)zài

搭～　怨声～道　重～

装～　～歌～舞

簪 zān(统读)

咱 zán(统读)

暂 zàn(统读)

凿 záo(统读)

择(一)zé

选～

(二)zhái

～不开　～菜　～席

贼 zéi(统读)

憎 zēng(统读)

甑 zèng(统读)

喳 zhā

唧唧～～

轧(除"～钢""～辊""～机"念 zhá 外,其他都念 yà)(gá 为方言,不审)

摘 zhāi(统读)

粘 zhān

～贴

涨 zhǎng

～落　高～

着(一)zháo

~慌　~急　~家　~凉

~忙　~迷　~水　~雨

(二)zhuó

~落　~手　~眼　~意　~重

不~边际

(三)zhāo

支~儿

沼 zhǎo(统读)

召shào

[姓]

遮 zhē(统读)

蛰 zhé(统读)

辙 zhé(统读)

贞 zhēn(统读)

侦 zhēn(统读)

帧 zhēn(统读)

胗 zhēn(统读)

枕 zhěn(统读)

诊 zhěn(统读)

振 zhèn(统读)

知 zhī

~识

织 zhī(统读)

脂 zhī(统读)

植 zhí(统读)

殖(一)zhí

繁~　生~　~民

(二)shi

骨~

指 zhǐ(统读)

掷 zhì(统读)

质 zhì(统读)

蛭 zhì(统读)

秩 zhì(统读)

栉 zhì(统读)

炙 zhì(统读)

中 zhōng

人~(人口上唇当中处)

种 zhòng

点~(义同"点播"。动宾结构念 diǎnzhǒng,义为点播种子)

诌 zhōu(统读)

骤 zhòu(统读)

轴 zhòu

大~子戏　压~子

碡 zhou

碌~

烛 zhú(统读)

逐 zhú(统读)

属 zhǔ

~望

筑 zhù(统读)

著 zhù

土~

转 zhuǎn

运~

撞 zhuàng(统读)

幢(一)zhuàng

一~楼房

(二)chuáng

经~(佛教所设刻有经咒的石柱)

拙 zhuō(统读)

茁 zhuó(统读)

灼 zhuó(统读)

卓 zhuó(统读)
综 zōng
　～合
纵 zòng(统读)
粽 zòng(统读)
镞 zú(统读)
组 zǔ(统读)
钻(一)zuān
　～探　～孔
　(二)zuàn
　～床　～杆　～具
佐 zuǒ(统读)
唑 zuò(统读)
柞(一)zuò
　～蚕　～绸
　(二)zhà
　～水(在陕西)
做 zuò(统读)
作(除"～坊"读 zuō 外,其余都读 zuò)

附录 4　普通话平翘舌音表

zh、ch、sh 和 z、c、s 对照辨音字表

说明:表中的数字表示声调,①是阴平,余类推。

韵母＼例字＼声母	zh	z
a	①扎驻～渣②闸铡扎挣～札信～③眨④乍炸诈榨蚱栅	①扎包～匝②杂砸
e	①遮②折哲辙③者④蔗浙这	②泽择责则
u	①朱珠蛛株诸猪②竹烛逐③主煮嘱 ④注蛀住柱驻贮祝铸筑箸	①租②族足卒③组阻祖
i	①之芝支枝肢知蜘汁只织脂②直植殖值侄执职③止址趾旨指纸只④至窒致志治质挚帜掷秩置滞制智稚痔	①兹滋姿孳咨资孜龇甾辎③子仔籽梓滓紫④字自恣渍
ai	①摘斋②宅③窄④寨债	①灾哉栽③宰载④再在载～重
ei		②贼

续表

韵母＼例字＼声母	zh	z
ao	①昭招朝②着③找爪沼④照召赵兆罩	①遭糟②凿③早枣澡④造皂灶躁燥
ou	①州洲舟周粥②轴③肘帚④宙昼咒骤皱	①邹③走④奏揍
ua	①抓	
uo	①桌捉拙②着酌灼浊镯啄琢	①作～坊②昨③左④坐座作祚柞做
ui	①追锥④缀赘坠	③嘴④最罪醉
an	①沾毡粘③盏展斩④占站战栈绽蘸	①簪②咱③攒④赞暂
en	①贞侦帧桢祯真③疹诊枕缜④振震阵镇	③怎
ang	①张章樟彰③长掌涨④丈仗杖帐账涨瘴障	①赃脏肮～④葬藏脏
eng	①正～月征争睁筝挣③整拯④正政症证郑	①曾憎增缯④赠
ong	①中盅忠钟衷终③肿种～子④中打～种～植仲重众	①宗踪棕综鬃③总④纵粽
uan	①专砖③转④传转～动撰篆赚	①钻③纂④钻～石
un	③准	①尊遵
uang	①庄桩装妆④壮状撞	

韵母 \ 例字 \ 声母	ch	c
a	①叉杈插差~别②茶搽查察③衩④岔诧差~错~劲	①擦嚓
e	①车③扯④彻撤掣	④册策厕侧测恻
u	①出初②除厨橱锄躇刍雏③楚础杵储处~分④畜触矗处	①粗④卒猝仓~促醋簇
i	①吃痴嗤②池驰迟持匙③尺齿耻侈豉④斥炽翅赤叱	①疵差参~②雌辞词祠瓷慈磁③此④次伺刺赐
ai	①差拆钗②柴豺	①猜②才财材裁③采彩踩④菜蔡
ao	①抄钞超②朝潮嘲巢③吵炒	①操糙②曹漕嘈槽③草
ou	①抽②仇筹畴踌绸稠酬愁③瞅丑④臭	④凑
uo	①踔戳④绰~号辍啜	①搓蹉撮④措错挫锉
uai	③揣④踹	
ui	①吹炊②垂锤捶槌	①崔催摧④萃悴淬翠粹瘁脆
an	①搀掺②蝉禅谗馋潺缠蟾③铲产阐④忏颤	①餐参②蚕残惭③惨④灿
en	①琛嗔②辰晨宸沉忱陈臣④趁衬称相~	①参~差②岑
ang	①昌猖娼伥②常嫦尝偿场肠长③厂场敞氅④倡唱畅怅	①仓苍舱沧②藏
eng	①称撑②成诚城盛~水呈程承乘澄橙惩③逞骋④秤	②曾层④蹭
ong	①充冲舂②重虫崇③宠	①匆葱囱聪②从丛淙
uan	①川穿②船传椽③喘④串钏	①蹿④窜篡
un	①春椿②唇纯淳醇③蠢	①村②存③忖④寸
uang	①窗疮创~伤②床③闯④创~造	

声母 例字 韵母	sh	s
a	①沙纱砂痧杀杉③傻④煞厦大~	①撒③ 洒撒~种④卅萨飒
e	①奢赊②舌蛇③舍④社舍射麝设摄涉赦	④色瑟啬涩塞
u	①书梳疏蔬舒殊叔淑输抒纾舒枢②孰塾赎③暑署薯曙鼠数属黍④树竖术述束漱恕数	①苏酥②俗④素塑诉肃粟宿速
i	①尸师狮失施诗湿虱②十什拾石时识实食蚀③史使驶始屎矢④世势誓逝市示事是视室适饰士仕氏恃式试拭轼弑	①司私思斯丝鸶③死④四肆似寺
ai	①筛④晒	①腮鳃塞④塞要~赛
ao	①捎稍艄烧②勺芍杓韶③少④少哨绍邵	①臊骚搔③扫嫂④ 扫臊害~
ou	①收②熟③手首守④受授寿售兽瘦	①溲嗖飕搜艘馊③叟擞④嗽
ua	①刷③耍	
uo	①说④硕烁朔	①缩娑蓑梭唆③所锁琐索
uai	①衰③甩④帅率蟀	
ui	②谁③水④税睡	①虽尿②绥隋随③髓④岁碎穗隧燧遂
an	①山舢删衫珊姗栅跚③闪陕④扇善膳缮擅赡	①三叁③伞散~文④散
en	①申伸呻身深参人~②神③沈审婶④慎肾甚渗	①森
ang	①商墒伤③晌垧赏上~声④上尚	①桑丧~事③嗓④丧

续表

声母 例字 韵母	sh	s
eng	①生牲笙甥升声②绳③省④圣胜盛剩	①僧
ong		①松③悚④送宋颂诵
uan	①拴栓④涮	①酸④算蒜
un	④顺	①孙③笋损
uang	①双霜③爽	

附录5　普通话前后鼻音辨音字表

in 和 ing 辨音字表

韵母 例字 声母	in	ing
o	①因洇姻茵氤殷音阴②银龈垠吟寅淫鄞③引蚓隐瘾饮尹④印荫	①英瑛媖锳莺应鹰膺婴樱缨鹦撄嘤罂②荧营莹萤盈迎赢蝇③影颖④映硬应
b	①宾滨缤傧槟镔彬④摈殡鬓	①兵冰③丙柄炳秉饼禀④病并摒
p	①拼②贫频颦嫔③品④聘	①乒②平苹萍评坪枰屏瓶凭
m	②民③敏皿闽悯泯	②名茗铭明鸣冥溟瞑暝螟③酩④命
d		①丁叮钉仃盯疔③顶鼎④定锭碇腚订
t		①听厅汀②亭停婷廷庭蜓霆③挺艇铤梃
n	②您	②宁咛狞柠凝③拧④宁泞佞

续表

声母 \ 例字 \ 韵母	in	ing
l	②林淋琳霖邻磷鳞麟③凛廪檩④吝赁蔺	②灵伶蛉玲零铃龄翎聆菱陵棱凌绫③岭领④另令
j	①今衿矜斤巾金津襟筋③紧锦仅谨馑瑾槿④尽劲缙觐烬近晋禁浸进	①京惊鲸茎泾经菁精睛晶荆兢粳③景颈井警儆④敬镜净靖静境竟竞径劲胫痉
q	①亲侵钦衾②勤芩琴芹秦噙禽擒③寝④沁	①氢轻倾青清蜻卿②情晴擎③顷请④庆亲
x	①新薪辛锌欣忻昕心馨莘炘④信衅	①星腥猩兴②形刑型邢行③省醒④幸姓性杏兴

en 和 eng 辨音字表

声母 \ 例字 \ 韵母	en	eng
-	①恩④摁	
b	①奔贲③本苯④笨	①崩②甭③绷④迸蹦泵
p	①喷②盆④喷	①烹②朋棚硼鹏彭澎膨③捧④碰
m	①闷②门们扪④闷焖	①蒙②盟萌蒙濛檬朦艨③猛蜢锰④梦孟
f	①分芬纷吩氛酚②坟焚汾③粉④奋份粪忿分愤	①风枫疯蜂烽峰锋丰封②逢缝冯③讽④奉风缝
d		①登灯③等④邓凳瞪磴镫
t		②疼腾誊滕藤
n	④嫩	②能
l		②棱③冷④愣
g	①根跟②哏④艮	①耕庚赓羹更③耿埂哽绠梗鲠④更

续表

韵母/例字/声母	en	eng
k	③肯啃垦恳④裉	①坑
h	②痕③很狠④恨	①亨哼②横衡恒④横
zh	①真贞针祯侦珍胗斟③诊疹枕缜④振震镇阵赈	①争筝睁狰峥铮挣蒸征正症怔钲③整拯④正政证症郑诤
ch	①嗔抻②晨辰宸沉忱陈臣③碜④衬趁称	①称撑②成城诚承呈程惩橙澄乘盛③逞骋④秤
sh	①申伸呻绅砷娠身深②神③沈审婶④甚葚慎肾渗蜃	①生牲笙甥升声②绳③省④胜圣盛剩
r	②人仁壬③忍荏④任饪妊衽认刃纫韧轫仞	①扔②仍
z	③怎	①曾增憎缯④赠
c	①参②岑	②曾嶒层④蹭
s	①森	①僧

附录6　普通话水平测试各地样卷

样卷1

一、读单音节字词

矿　锥　犬　瓷　罚　我　诱　瘦　盒　少(少数)　隅　蕊　葱　耍　弦　纺

虐　偷　俩(咱俩)　挑(挑选)　厚　亮　豺　锅　霄　组　摘　摔　秤(秤砣)

为(为难)　黄　旅　癌　憎　贫　漕　籽　凶　混(混合)　烟(烟草)　火

庙 翱 古 袋 内 迥 牒 观(观测) 挣(挣钱) 箭 男 蛉 娟 崖

算 容 停 勒(勒紧) 壳(蛋壳) 琐 訇 尝 獗 志 荀 抓 蹄 蔓(蔓儿)

并(合并) 筋 畔 榔 堆 髋 匐 幔 填 强(强大) 揣(怀揣) 砍

粕 初 磙 蚯 破 深 吨 任(任务) 血(吐血) 群 依 氢 二 昵

虻 视 忱 扫(扫地) 扒(扒墙头)

错误(-0.1分/字)共________个字,扣________分

缺陷(-0.05分/字)共________个字,扣________分

超时(1分钟内扣0.5分,1分钟以上扣1分)扣________分

共扣________分

二、读多音节词语

累积 欢迎 忸怩 散发 忏悔 坚决 上旬 鸟儿 破碎 两旁 争吵 蝈蝈儿

灭亡 只有 运用 准确 跨栏 选种 诚恳 面条儿 进去(进去看看) 枪子儿

奇妙 配偶 土壤 颜色(给他一点颜色看看) 战斗 情绪 总结 下课

来路(这人来路不明) 外宾 排球 信号 参差 增援 傍晚 雄伟 捧腹 柔软

早霜 坏东西 广播 大家 匾额 文化 阻挠 头人 女士 娇贵

错误(-0.2分/字)共________个音节,扣________分

缺陷(-0.1分/字)共________个音节,扣________分

超时(1分钟内扣0.5分,1分钟以上扣1分)扣________分

共扣________分

三、选择、判断

1. 读出每组词中的普通话词语(注意:下列每组词语各表达同一概念)

①做溪水 做大水 发大水　　②洋灰 水泥

③平常 平常时　　④三只手 扒手

⑤生姜　姜　　⑥乘车　搭车　坐车

⑦简写字　减笔字　简体字　　⑧拧干　绞干

⑨从前　先头　　⑩娘舅　阿舅　舅舅

选择错误(-0.25 分/组) 共________组,扣________分

语音错误(-0.1 分/音节)共________个音节,扣________分

2. 给下面的名词搭配量词(例如:一条——鱼)

匹　口　粒　场　片

沙子　阳光　马　猪　大缸　米　电影　叶子　布　雨

搭配错误(-0.5 分/次) 共________次,扣________分

语音错误(-0.1 分/音节)共________个音节,扣________分

3. 说出符合普通话说法的句子(注意:下列每组词语各表达同一概念)

①A. 她长得很清秀。　B. 她长得很清楚。

②A. 我下棋输你。　B. 我下棋不如你。

③A. 毛巾这么湿,拧干点水。　B. 毛巾这么湿,快把水拧开。

④A. 手表丢了找不到。　B. 手表丢了没有地方找。

⑤A. 我起得太早了。　B. 我太早起来了。

选择错误(-0.5 分/组) 共________组, 扣________分

语音错误(-0.1 分/音节)共________个音节,扣________分

三项共扣________分

四、朗读

篇目号______________________________

错误(-0.1 分/音节)共________个音节, 扣________分

漏读(-0.1 分/音节) 共________个音节, 扣________分

方言语调(问题突出扣 3 分,比较明显扣 2 分,略有反映扣 1.5 分)扣________分

停顿、断句不当(-1 分/次)共________次, 扣________分

语速过慢或过快(一次性扣 2 分)扣________分

超时 (30 秒以上扣 1 分)扣________分

共扣________分

五、说话

题目号______________________________

语言面貌：________档（错________个音节，方音________）得________分

词汇语法规范程度：________档（无/偶有/屡有）得________分

自然流畅程度：________档 得________分

测试员________

年　月　日

样卷2

一、读单音节字词

米　鸵　缆　从　逢　张　颜　日　逃　勾（勾结）　人　买　缺　促　瓜　织　侠　洒　扉

冲（冲洗）　纳　馆　略　腮　唤　新　坠　揪　汽　活（活动）　淡　蛰　独　叫　很　壮

井　删　犒　夹（夹杂）　萍　描　被　等　后　昆　絮　赏　膜　卷（卷尺）　糠　晚　膘

迁　嘈　总　杨　式　枯　冒（冒险）　堆　耐　鹰　未　甩　摈　我　瞬　印　铺（铺床）

辣　骗　愁　婶　仍　鹅　陨　四　田　相（相机）　料　百　二　喘　叛　聂　囚　耸　雄

曾（曾孙）　劣　锤　葬　坟　替　青　梨　它　广（广播）　区（姓）

二、读多音节词语

形状　蔑视　懦弱　收摊儿　同样　冤家　跑腿儿　算盘　保存　上座儿

感想　狂妄　决心　开演　处死　平方　会见　策划　恼火　鸟儿　采取

问候　可笑　电钮　压迫　光荣　发表　格外　逞能　设备　巡逻　凛凛

情绪　铣工　带徒弟　挂钩　油子　池塘　诈唬　美丽　面对　引用

恩爱　谋求　拨款　团结　担任　阅读　水分　中耳

三、选择、判断

1. 读出每组词中的普通话词语(注意:下列每组词语各表达同一概念)

①折断　拗断	②太公　曾祖父
③罩衫　罩衣	④腐乳　豆腐乳
⑤汤壶　汤婆子	⑥洋山芋　土豆
⑦色子　骰子	⑧火柴　自来火
⑨巴结　努力	⑩脂油　板油

2. 给下面的名词搭配量词(例如:一条——鱼)

粒　　匹　　张　　场　　颗

犁　　布　　脸　　风雪　　嘴　　牙　　糖　　大战　　马　　米

3. 读出符合普通话说法的句子(注意:下列每组说法各表达同一意思)

①A. 我追他不上。　B. 我追不上他。

②A. 崭崭新。　B. 崭新。

③A. 我说他不过。　B. 我说不过他。

④A. 你这个人很上照。　B. 你这个人很上相。

⑤A. 我教两年级语文。　B. 我教二年级语文。

四、朗读(略)

五、说话(略)

样卷 3

一、读单音节字词

披　饿　街　歌　日　坡　雪　科　缩　册
麻　旅　季　池　利　思　砸　租　撇　奶
蛆　漱　碑　藕　镖　勺　雁　瞟　剜　臊
月　套　歪　跳　位　摔　药　岁　篮　桥
爹　怀　财　袄　拽　否　暂　沟　串　蚌
癣　闩　秦　碱　裆　邢　晕　脓　润　凝
电　夏　矿　软　先　准　信　人　花　群
罐　嫩　权　狂　翁　坑　巷　荒　绒　增
鳃　哑　哇　铐　釉　淌　庸　舔　迥　佛

奖 跟 寸 脏 冬 山 走 二 上 牛

二、读多音节词语

存在 窗户 抽象 尾巴 老板 同盟 聘请 恳切
扰乱 绿化 耳朵 苹果 纠正 承认 庄稼 耍弄
蘑菇 角色 暴虐 会计 大伙儿 非常 美好 否则
解放 隧道 快餐 脉搏 墨水儿 落选 左右 突击
批准 蜜蜂 有点儿 喧嚷 时光 小曲儿 司法 善良
边卡 汤圆 凉爽 俊俏 王冠 拥戴 琼脂 迥然
讹诈 昂首

三、选择、判断

1. 从每组词中选出普通话的词语

①日里 日时 白天 日中 日头 ②鼻 鼻子 鼻公 鼻哥 鼻头
③冰箸 冰棒 雪条 冰棍儿 ④吾爱 勿要 不要 吾要
⑤苍蝇 乌蝇 胡蝇 蚨蝇 ⑥屎窖 屎坑 厕所 粪坑厝
⑦吹牛 吹大炮 车大炮 ⑧银纸 纸票 钞票 铜钿 纸字
⑨卵糕 鸡卵糕 蛋糕 ⑩丢失 螺脱 吾见

2. 正确搭配下面的量词和名词(例如:一条——鱼)

把 根 棵 条 所

住宅 裤子 白菜 学校 竹竿 钥匙 毛巾 剪刀 柳树 冰棍儿

3. 指出每组符合普通话的说法

①A. 给本书我。B. 给我一本书。C. 把本书我。
②A. 别客气,你走头先。B. 别客气,你走先。C. 别客气,你先走。
③A. 他比我高。B. 他高过我。C. 他比我过高。
④A. 这事我晓不得。B. 这事我知不道。C. 这事我不知道。
⑤A. 你有吃过饭没有? B. 你吃过饭没有?

四、朗读(略)

五、说话(略)

附录 7　普通话水平测试用朗读作品

作品 1 号

那是力争上游的一种树，笔直的干，笔直的枝。它的干呢，通常是丈把高，像是加以人工似的，一丈以内，绝无旁枝；它所有的丫枝呢，一律向上，而且紧紧靠拢，也像是加以人工似的，成为一束，绝无横斜逸出；它的宽大的叶子也是片片向上，几乎没有斜生的，更不用说倒垂了；它的皮，光滑而有银色的晕圈，微微泛出淡青色。这是虽在北方的风雪的压迫下却保持着倔强挺立的一种树！哪怕只有碗来粗细罢，它却努力向上发展，高到丈许、两丈，参天耸立，不折不挠，对抗着西北风。

这就是白杨树，西北极普通的一种树，然而绝不是平凡的树！

它没有婆娑的姿态，没有屈曲盘旋的虬枝，也许你要说它不美丽——如果美是专指"婆娑"或"横斜逸出"之类而言，那么，白杨树算不得树中的好女子；但是它却是伟岸、正直、朴质、严肃，也不缺乏温和，更不用提它的坚强不屈与挺拔，它是树中的伟丈夫！当你在积雪初融的高原上走过，看见平坦的大地上傲然挺立这么一株或一排白杨树，难道你就只觉得树只是树，难道你就不想到它的朴质、严肃、坚强不屈，至少也象征了北方的农民；难道你竟一点儿也不联想到，在敌后的广大土//地上，到处有坚强不屈，就像这白杨树一样傲然挺立的守卫他们家乡的哨兵！难道你又不更远一点想到这样枝枝叶叶靠紧团结、力求上进的白杨树，宛然象征了今天在华北平原纵横决荡用血写出新中国历史的那种精神和意志？

节选自茅盾《白杨礼赞》

语音提示：

gàn	shìde	yāzhīne	dàochuí le	yùnquān	juéjiàng	cū xìba	cāntiān-sǒnglì
干	似的	丫枝呢	倒垂了	晕圈	倔强	粗细罢	参天耸立

pósuō	qiúzhī	nǚzǐ	zhàngfū	zǒuguò	yìdiǎnr	tāmen	xuè
婆娑	虬枝	女子	丈夫	走过	一点儿	他们	血

作品 2 号

两个同龄的年轻人同时受雇于一家店铺，并且拿同样的薪水。

可是一段时间后，叫阿诺德的那个小伙子青云直上，而那个叫布鲁诺的小伙子却仍在原地踏步。布鲁诺很不满意老板的不公正待遇。终于有一天他到老板那儿发牢骚了。老板一边耐心地听着他的抱怨，一边在心里盘算着怎样向他解释清楚他和阿诺德之间的差别。

"布鲁诺先生，"老板开口说话了，"您现在到集市上去一下，看看今天早上有什么卖的。"

布鲁诺从集市上回来向老板汇报说，今早集市上只有一个农民拉了一车土豆在卖。

"有多少？"老板问。

布鲁诺赶快戴上帽子又跑到集上，然后回来告诉老板一共四十袋土豆。

"价格是多少？"

布鲁诺又第三次跑到集上问来了价格。

"好吧，"老板对他说，"现在请您坐到这把椅子上一句话也不要说，看看阿诺德怎么说。"

阿诺德很快就从集市上回来了，向老板汇报说到现在为止只有一个农民在卖土豆，一共四十口袋，价格是多少多少。土豆质量很不错，他带回来一个让老板看看。这个农民一个钟头以后还会弄来几箱西红柿，据他看价格非常公道。昨天他们铺子的西红柿卖得很快，库存已经不//多了。他想这么便宜的西红柿，老板肯定会要进一些的，所以他不仅带回了一个西红柿做样品，而且把那个农民也带来了，他现在正在外面等回话呢。

此时，老板转向了布鲁诺，说："现在您肯定知道为什么阿诺德的薪水比您高了吧！"

节选自张健鹏、胡足青主编《故事时代》中《差别》

语音提示：

xiǎohuǒzi	nàr	pánsuan	xiānsheng	shénme	hǎo ba	yǐzi	kànkan
小伙子	那儿	盘算	先生	什么	好吧	椅子	看看

kǒudai	piányi	nàge	huíhuà ne	gāole ba
口袋	便宜	那个	回话呢	高了吧

作品 3 号

我常常遗憾我家门前那块丑石：它黑黝黝地卧在那里，牛似的模样；谁也不知道是什么时候留在这里的，谁也不去理会它。只是麦收时节，门前摊了麦子，奶奶总是说：这块丑石，多占地面呀，抽空把它搬走吧。

它不像汉白玉那样的细腻，可以刻字雕花；也不像大青石那样的光滑，可以供来浣纱捶布。它静静地卧在那里，院边的槐阴没有庇覆它，花儿也不再在它身边生长。荒草便繁衍出来，枝蔓上下，慢慢地，它竟锈上了绿苔、黑斑。我们这些做孩子的，也讨厌起它来，曾合伙要搬走它，但力气又不足；虽时时咒骂它，嫌弃它，也无可奈何，只好任它留在那里了。终有一日，村子里来了一个天文学家。他在我家门前路过，突然发现了这块石头，眼光立即就拉直了。他再没有离开，就住了下来；以后又来了好些人，都说这是一块陨石，从天上落下来已经有二三百年了，是一件了不起的东西。不久便来了车，小心翼翼地将它运走了。这使我们都很惊奇，这又怪又丑的石头，原来是天上的啊！它补过天，在天上发过热、闪过光，我们的先祖或许仰望过它，它给了他们光明、向往、憧憬；而它落下来了，在污土里，荒草里，一躺就//是几百年了！

我感到自己的无知，也感到了丑石的伟大，我甚至怨恨它这么多年竟会默默地忍受着这一切！而我又立即深深地感到它那种不屈于误解、寂寞的生存的伟大。

节选自贾平凹《丑石》

语音提示：

hēiyǒuyǒu	múyàng	dìmiàn ya	bìfù	huār	zhīmàn	wǒmen	háizi
黑黝黝	模样	地面呀	庇覆	花儿	枝蔓	我们	孩子
lì qi	yǔnshí	tiānshang de ya	bǔguo	fāguo	shǎnguo	chōngjǐng	
力气	陨石	天上的啊	补过	发过	闪过	憧憬	

作品 4 号

在达瑞八岁的时候，有一天他想去看电影。因为没有钱，他想是向爸妈要钱，还是自己挣钱。最后他选择了后者。他自己调制了一种汽水，向过路的行人出售。可那时正是寒冷的冬天，没有人买，只有两个人例外——他的爸爸和妈妈。

他偶然有一个和非常成功的商人谈话的机会。当他对商人讲述了自己的“破产史”后，商人给了他两个重要的建议：一是尝试为别人解决一个难题；二是把精力集中在你知道的、你会的和你拥有的东西上。

这两个建议很关键。因为对于一个八岁的孩子而言，他不会做的事情很多。于是他穿过大街小巷，不停地思考：人们会有什么难题？他又如何利用这个机会？

一天，吃早饭时父亲让达瑞去取报纸。美国的送报员总是把报纸从花园篱笆的一个特制的管子里塞进来。假如你想穿着睡衣舒舒服服地吃早饭和看报纸，就必须离开温暖的房间，冒着寒风，到花园去取。虽然路短，但十分麻烦。

当达瑞为父亲取报纸的时候，一个主意诞生了。当天他就按响邻居的门铃，对他们说，每个月只需付给他一美元，他就每天早上把报纸塞到他们的房门底下。大多数人都同意了，很快他有//了七十多个顾客。一个月后，当他拿到自己赚的钱时，觉得自己简直是飞上了天。很快他又有了新的机会，他让他的顾客每天把垃圾袋放在门前，然后由他早上运到垃圾桶里，每个月加一美元。之后他还想出了许多孩子赚钱的办法，并把它集结成书，书名为《儿童挣钱的二百五十个主意》。为此，达瑞十二岁时就成了畅销书作家，十五岁有了自己的谈话节目，十七岁就拥有了几百万美元。

节选自［德］博多·舍费尔《达瑞的故事》，刘志明译

语音提示：

shíhou qìshuǐ zhīdao de dōngxi háizi shìqing chuānguo rénmen
时候 汽水 知道 的 东西 孩子 事情 穿过 人们

líba guǎnzi shūshū-fúfú máfan zhǔyi dàngtiān tāmen zǎoshang fēi
篱笆 管子 舒舒服服 麻烦 主意 当天 他们 早上 飞

shàng le
上了

作品 5 号

这是入冬以来，胶东半岛上第一场雪。

雪纷纷扬扬，下得很大。开始还伴着一阵儿小雨，不久就只见大片大片的雪花，从彤云密布的天空中飘落下来。地面上一会儿就白了。冬天的山村，到了夜里就万籁俱寂，只听得雪花簌簌地不断往下落，树木的枯枝被雪压断了，偶尔咔嚓一声响。

大雪整整下了一夜。今天早晨，天放晴了，太阳出来了。推开门一看，嗬！好大的雪啊！山川、树木、房屋，全都罩上了一层厚厚的雪，万里江山，变成了粉妆玉砌的世界。落光了叶子的柳树上挂满了毛茸茸亮晶晶的银条儿；而那些冬夏常青的松树和柏树上，则挂满了蓬松松沉甸甸的雪球儿。一阵风吹来，树枝轻轻地摇晃，美丽的银条儿和雪球儿簌簌地落下来，玉屑似的雪末儿随风飘扬，映着清晨的阳光，显出一道道五光十色的彩虹。

大街上的积雪足有一尺多深，人踩上去，脚底下发出咯吱咯吱的响声。一群群孩子在雪地里堆雪人，掷雪球儿。那欢乐的叫喊声，把树枝上的雪都震落下来了。

俗话说，“瑞雪兆丰年”。这句话有充分的科学根据，并不是一句迷信的成语。寒冬大雪，可以冻死一部分越冬的害虫；融化了的水渗进土层深处，又能供应庄稼//生长的需要。我相信这一场十分及时的大雪，一定会促进明年春季作物，尤其是小麦的丰收。有经验的老农把雪比做是“麦子的棉被”。冬天“棉被”盖得越厚，明春麦子就长得越好，所以又有这样一句谚语：“冬天麦盖三层被，来年枕着馒头睡。”

我想，这就是人们为什么把及时的大雪称为“瑞雪”的道理吧。

节选自峻青《第一场雪》

语音提示：

yízhènr　tóng　yíhuìr　wànlài-jùjì　sùsù de　gēzhī　fěnzhuāng-yùqì
一阵儿　彤　一会儿　万籁俱寂　簌簌地　咯吱　粉妆玉砌

máorōngrōng　bǎishù　chéndiāndiān　xuěqiúr　yùxiè　shìde　xuěmòr　dǐxia
毛茸茸　柏树　沉甸甸　雪球儿　玉屑　似的　雪末儿　底下

zhì shèn　gōngyìng　zhuāngjia　yànyǔ　shénme
掷　渗　供应　庄稼　谚语　什么

作品 6 号

我常想读书人是世间幸福人，因为他除了拥有现实的世界之外，还拥有另一个更为浩瀚也更为丰富的世界。现实的世界是人人都有的，而后一个世界却为读书人所独有。由此我想，那些失去阅读机会或不能阅读的人是多么的不幸，他们的丧失是不可补偿的。世间有诸多的不平等，财富的不平等，权力的不平等，而阅读能力的拥有或丧失却体现为精神的不平等。

一个人的一生，只能经历自己拥有的那一份欣悦，那一份苦难，也许再加上他亲自闻知的那一些关于自身以外的经历和经验。然而，人们通过阅读，却能进入不同时空的诸多他人的世界。这样，具有阅读能力的人，无形间获得了超越有限生命的无限可能性。阅读不仅使他多识了草木虫鱼之名，而且可以上溯远古下及未来，饱览存在的与非存在的奇风异俗。更为重要的是，读书加惠于人们的不仅是知识的增广，而且还在于精神的感化与陶冶。人们从读书学做人，从那些往哲先贤以及当代才俊的著述中学得他们的人格。人们从《论语》中学得智慧的思考，从《史记》中学得严肃的历史精神，从《正气歌》中学得人格的刚烈，从马克思//学得人世的激情，从鲁迅学得批判精神，从托尔斯泰学得道德的执著。歌德的诗句刻写着睿智的人生，拜伦的诗句呼唤着奋斗的热情。一个读书人，一个有机会拥有超乎个人生命体验的幸运人。

节选自谢冕《读书人是幸福人》

语音提示：

duōme	tāmen	rénmen	shàngsù	zhīshi	táoyě	zhízhuó	ruìzhì
多么	他们	人们	上溯	知识	陶冶	执著	睿智

作品7号

一天，爸爸下班回到家已经很晚了，他很累也有点儿烦，他发现五岁的儿子靠在门旁正等着他。

“爸，我可以问您一个问题吗？”

“什么问题？”“爸，您一小时可以赚多少钱？”“这与你无关，你为什么问这个问题？”父亲生气地说。

“我只是想知道，请告诉我，您一小时赚多少钱？”小孩儿哀求道。“假如你一定要知道的话，我一小时赚二十美金。”

“哦，”小孩儿低下了头，接着又说，“爸，可以借我十美金吗？”父亲发怒了：“如果你只是要借钱去买毫无意义的玩具的话，给我回到你的房间睡觉去。好好想想为什么你会那么自私。我每天辛苦工作，没时间和你玩儿小孩子的游戏。”

小孩儿默默地回到自己的房间关上门。

父亲坐下来还在生气。后来，他平静下来了。心想他可能对孩子太凶了——或许孩子真的很想买什么东西，再说他平时很少要过钱。

父亲走进孩子的房间：“你睡了吗？”“爸，还没有，我还醒着。”孩子回答。

“我刚才可能对你太凶了，”父亲说，“我不应该发那么大的火儿——这是你要的十美金。”

“爸，谢谢您。”孩子高兴地从枕头下拿出一些被弄皱的钞票，慢慢地数着。

“为什么你已经有钱了还要？”父亲不解地问。“因为原来不够，但现在凑够了，”孩子回答，“爸，我现在有//二十美金了，我可以向您买一个小时的时间吗？明天请早一点儿回家——我想和您一起吃晚餐。”

节选自唐继柳编译《二十美金的价值》

语音提示：

bàba yǒudiǎnr shénme gàosu xiǎoháir ò xiǎngxiang wánr
爸爸 有点儿 什么 告诉 小孩儿 哦 想想 玩儿

háizi dōngxi yàoguo huǒr xièxie shǔzhe yìdiǎnr
孩子 东西 要过 火儿 谢谢 数着 一点儿

作品8号

我爱月夜，但我也爱星天。从前在家乡七八月的夜晚在庭院里纳凉的时候，我最爱看天上密密麻麻的繁星。望着星天，我就会忘记一切，仿佛回到了母亲的怀里似的。

三年前在南京，我住的地方有一道后门，每晚我打开后门，便看见一个静寂的夜。下面是一片菜园，上面是星群密布的蓝天。星光在我们的肉眼里虽然微小，然而它使我们觉得光明无处不在。那时候我正在读一些天文学的书，也认得一些星星，好像它们就是我的朋友，它们常常在和我谈话一样。

如今在海上，每晚和繁星相对，我把它们认得很熟了。我躺在舱面上，仰望天空。深蓝色的天空里悬着无数半明半昧的星。船在动，星也在动，它们是这样低，真是摇摇欲坠呢！渐渐地我的眼睛模糊了，我好像看见无数萤火虫在我的周围飞舞。海上的夜是柔和的，是静寂的，是梦幻的。我望着许多认识的星，我仿佛看见它们在对我眨眼，我仿佛听见它们在小声说话。这时我忘记了一切。在星的怀抱中我微笑着，我沉睡着。我觉得自己是一个小孩子，现在睡在母亲的怀里了。

有一夜，那个在科伦坡上船的英国人指给我看天上的巨人。他用手指着：//那四颗明亮的星是头，下面的几颗是身子，这几颗是手，那几颗是腿和脚，还有三颗星算是腰带。经他这一番指点，我果然看清楚了那个天上的巨人。看，那个巨人还在跑呢！

节选自巴金《繁星》

语音提示：

shíhou shìde dìfang wǒmen rènde xīngxing tāmen péngyou
时候 似的 地方 我们 认得 星星 他们 朋友

yǎnjing móhu le zhǎyǎn xiǎoháizi shēnzi
眼睛 模糊了 眨眼 小孩子 身子

作品9号

假日到河滩上转转，看见许多孩子在放风筝。一根根长长的引线，一头系在天上，一头系在地上，孩子同风筝都在天与地之间悠荡，连心也被悠荡得恍恍惚惚了，好像又回到了童年。

儿时放的风筝，大多是自己的长辈或家人编扎的，几根削得很薄的篾，用细纱线扎成各种鸟兽的造型，糊上雪白的纸片，再用彩笔勾勒出面孔与翅膀的图案。通常扎得最多的是"老雕""美人儿""花蝴蝶"等。

我们家前院就有位叔叔，擅扎风筝，远近闻名。他扎的风筝不只体形好看，色彩艳丽，放飞得高远，还在风筝上绷一叶用蒲苇削成的膜片，经风一吹，发出"嗡嗡"的声响，仿佛是风筝的歌唱，在蓝天下播扬，给开阔的天地增添了无尽的韵味，给驰荡的童心带来几分疯狂。

我们那条胡同的左邻右舍的孩子们放的风筝几乎都是叔叔编扎的。他的风筝不卖钱，谁上门去要，就给谁，他乐意自己贴钱买材料。

后来，这位叔叔去了海外，放风筝也渐与孩子们远离了。不过年年叔叔给家乡写信，总不忘提起儿时的放风筝。香港回归之后，他在家信中说到，他这只被故乡放飞到海外的风筝，尽管飘荡游弋，经沐风雨，可那线头儿一直在故乡和//亲人手中牵着，如今飘得太累了，也该要回归到家乡和亲人身边来了。

是的。我想，不光是叔叔，我们每个人都是风筝，在妈妈手中牵着，从小放到大，再从家乡放到祖国最需要的地方去啊！

节选自李恒瑞《风筝畅想曲》

语音提示：

zhuànzhuan	fēngzheng	huǎnghuǎng-hūhū	měirénr	wǒmen	shūshu
转转	风筝	恍恍惚惚	美人儿	我们	叔叔

púwěi	hútòngr	háizimen	yóuyì	mù	xiàntóur	māma	dìfang	a
蒲苇	胡同儿	孩子们	游弋	沐	线头儿	妈妈	地方	啊

作品10号

爸不懂得怎样表达爱，使我们一家人融洽相处的是我妈。他只是每天上班下班，而妈则把我们做过的错事开列清单，然后由他来责骂我们。

有一次我偷了一块糖果，他要我把它送回去，告诉卖糖的说是我偷来的，说我愿意替他拆箱卸货作为赔偿。但妈妈却明白我只是个孩子。

我在运动场打秋千跌断了腿，在前往医院途中一直抱着我的，是我妈。

爸把汽车停在急诊室门口，他们叫他驶开，说那空位是留给紧急车辆停放的。爸听了便叫嚷道：“你以为这是什么车？旅游车？”

在我生日会上，爸总是显得有些不大相称。他只是忙于吹气球，布置餐桌，做杂务。把插着蜡烛的蛋糕推过来让我吹的，是我妈。

我翻阅照相册时，人们总是问：“你爸爸是什么样子的？”天晓得！他老是忙着替别人拍照。妈和我笑容可掬地一起拍的照片，多得不可胜数。

我记得妈有一次叫他教我骑自行车。我叫他别放手，但他却说是应该放手的时候了。我摔倒之后，妈跑过来扶我，爸却挥手要她走开。我当时生气极了，决心要给他点儿颜色看。于是我马上爬上自行车，而且自己骑给他看。他只是微笑。

我念大学时，所有的家信都是妈写的。他//除了寄支票外，还寄过一封短柬给我，说因为我不在草坪上踢足球了，所以他的草坪长得很美。

每次我打电话回家，他似乎都想跟我说话，但结果总是说：“我叫你妈来接。”

我结婚时，掉眼泪的是我妈。他只是大声擤了一下鼻子，便走出房间。

我从小到大都听他说：“你到哪里去？什么时候回家？汽车有没有汽油？不，不准去。”爸完全不知道怎样表达爱。除非……

会不会是他已经表达了，而我却未能察觉？

节选自［美］艾尔玛·邦贝克《父亲的爱》

语音提示：

dǒngde	róngqià	xiāngchǔ	gàosu	xièhuò	māma	míngbai	zhěnshì
懂得	融洽	相处	告诉	卸货	妈妈	明白	诊室
kòngwèi	shénme	xiāngchèn	bàba	biéren	xiàoróng-kějū	bùkě-shèngshǔ	
空位	什么	相称	爸爸	别人	笑容可掬	不可胜数	
jiāo	shíhou	duǎnjiǎn	sìhū	xǐng	nǎ lǐ	zhīdào	
教	时候	短柬	似乎	擤	哪里	知道	

作品 11 号

一个大问题一直盘踞在我脑袋里：世界杯怎么会有如此巨大的吸引力？除去足球本身的魅力之外，还有什么超乎其上而更伟大的东西？

近来观看世界杯，忽然从中得到了答案：是由于一种无上崇高的精神情感——国家荣誉感！

地球上的人都会有国家的概念，但未必时时都有国家的感情。往往人到异国，思念家乡，心怀故国，这国家概念就变得有血有肉，爱国之情来得非常具体。而现代社会，科技昌达，信息快捷，事事上网，世界真是太小太小，国家的界限似乎也不那么清晰了。再说足球正在快速世界化，平日里各国球员频繁转会，往来随意，致使越来越多的国家联赛都具有国际的因素。球员们不论国籍，只效力于自己的俱乐部，他们比赛时的激情中完全没有爱国主义的因子。

然而，到了世界杯大赛，天下大变。各国球员都回国效力，穿上与光荣的国旗同样色彩的服装。在每一场比赛前，还高唱国歌以宣誓对自己祖国的挚爱与忠诚。一种血缘情感开始在全身的血管里燃烧起来，而且立刻热血沸腾。

在历史时代，国家间经常发生对抗，好男儿戎装卫国。国家的荣誉往往需要以自己的生命去//换取。但在和平时代，唯有这种国家之间大规模对抗性的大赛，才可以唤起那种遥远而神圣的情感，那就是：为祖国而战！

节选自冯骥才《国家荣誉感》

语音提示：

nǎodai	zěnme	shénme	dōngxi	yīnzǐ	xuèyuán	rèxuè
脑袋	怎么	什么	东西	因子	血缘	热血

作品 12 号

夕阳落山不久，西方的天空，还燃烧着一片橘红色的晚霞。大海，也被这霞光染成了红色，而且比天空的景色更要壮观。因为它是活动的，每当一排排波浪涌起的时候，那映照在浪峰上的霞光，又红又亮，简直就像一片片霍霍燃烧着的火焰，闪烁着，消失了。而后面的一排，又闪烁着，滚动着，涌了过来。

天空的霞光渐渐地淡下去了，深红的颜色变成了绯红，绯红又变为浅红。最后，当这一切红光都消失了的时候，那突然显得高而远了的天空，则呈现出一片肃穆的神色。最早出现的启明星，在这蓝色的天幕上闪烁起来了。它是那么大，那么亮，整个广漠的天幕上只有它在那里放射着令人注目的光辉，活像一盏悬挂在高空的明灯。

夜色加浓，苍空中的“明灯”越来越多了。而城市各处的真的灯火也次第亮了起来，尤其是围绕在海港周围山坡上的那一片灯光，从半空倒映在乌蓝的海面上，随着波浪，晃动着，闪烁着，像一串流动着的珍珠，和那一片片密布在苍穹里的星斗互相辉映，煞是好看。

在这幽美的夜色中，我踏着软绵绵的沙滩，沿着海边，慢慢地向前走去。海水，轻轻地抚摸着细软的沙滩，发出温柔的//刷刷声。晚来的海风，清新而又凉爽。我的心里，有着说不出的兴奋和愉快。

夜风轻飘飘地吹拂着，空气中飘荡着一种大海和田禾相混合的香味儿，柔软的沙滩上还残留着白天太阳炙晒的余温。那些在各个工作岗位上劳动了一天的人们，三三两两地来到这软绵绵的沙滩上，他们浴着凉爽的海风，望着那缀满了星星的夜空，尽情地说笑，尽情地休憩。

节选自峻青《海滨仲夏夜》

语音提示：

bōlàng 波浪　yǒngqǐ 涌起　shíhou 时候　huǒyàn 火焰　hòumian 后面　jiànjiàn de 渐渐地　nà lǐ 那里　wéirào 围绕

huàngdòng 晃动　cāngqióng 苍穹　shà 煞　xīn li 心里　xīngfèn 兴奋　hùnhé 混合　zhìshài 炙晒　xiūqì 休憩

作品13号

生命在海洋里诞生绝不是偶然的，海洋的物理和化学性质，使它成为孕育原始生命的摇篮。

我们知道，水是生物的重要组成部分，许多动物组织的含水量在百分之八十以上，而一些海洋生物的含水量高达百分之九十五。水是新陈代谢的重要媒介，没有它，体内的一系列生理和生物化学反应就无法进行，生命也就停止。因此，在短时期内动物缺水要比缺少食物更加危险。水对今天的生命是如此重要，它对脆弱的原始生命，更是举足轻重了。生命在海洋里诞生，就不会有缺水之忧。

水是一种良好的溶剂。海洋中含有许多生命所必需的无机盐，如氯化钠、氯化钾、碳酸盐、磷酸盐，还有溶解氧，原始生命可以毫不费力地从中吸取它所需要的元素。

水具有很高的热容量，加之海洋浩大，任凭夏季烈日曝晒，冬季寒风扫荡，它的温度变化却比较小。因此，巨大的海洋就像是天然的“温箱”，是孕育原始生命的温床。

阳光虽然为生命所必需，但是阳光中的紫外线却有扼杀原始生命的危险。水能有效地吸收紫外线，因而又为原始生命提供了天然的“屏障”。

这一切都是原始生命得以产生和发展的必要条件。//

节选自童裳亮《海洋与生命》

语音提示：

wǒmen 我们　lǜhuànà 氯化钠　pùshài 曝晒　yùnyù 孕育　èshā 扼杀　píngzhàng 屏障

作品14号

读小学的时候，我的外祖母去世了。外祖母生前最疼爱我，我无法排除自己的忧伤，每天在学校的操场上一圈儿又一圈儿地跑着，跑得累倒在地上，扑在草坪上痛哭。

那哀痛的日子，断断续续地持续了很久，爸爸妈妈也不知道如何安慰我。他们知道与其骗我说外祖母睡着了，还不如对我说实话：外祖母永远不会回来了。

“什么是永远不会回来呢？”我问着。

“所有时间里的事物，都永远不会回来。你的昨天过去，它就永远变成昨天，你不能再回到昨天。爸爸以前也和你一样小，现在也不能回到你这么小的童年了。有一天你会长大，你会像外祖母一样老；有一天你度过了你的时间，就永远不会回来了。”爸爸说。

爸爸等于给我一个谜语，这谜语比课本上的“日历挂在墙壁，一天撕去一页，使我心里着急”和“一寸光阴一寸金，寸金难买寸光阴”还让我感到可怕；也比作文本上的“光阴似箭，日月如梭”更让我觉得有一种说不出的滋味。

时间过得那么飞快，使我的小心眼儿里不只是着急，还有悲伤。有一天我放学回家，看到太阳快落山了，就下决心说：“我要比太阳更快地回家。”我狂奔回去，站在庭院前喘气的时候，看到太阳//还露着半边脸，我高兴地跳跃起来，那一天我跑赢了太阳。以后我就时常做那样的游戏，有时和太阳赛跑，有时和西北风比快，有时一个暑假才能做完的作业，我十天就做完了。那时我三年级，常常把哥哥五年级的作业拿来做。每一次比赛胜过时间，我就快乐得不知道怎么形容。

如果将来我有什么要教给我的孩子，我会告诉他：假若你一直和时间比赛，你就可以成功！

节选自（台湾地区）林清玄《和时间赛跑》

语音提示：

shíhou 时候　quānr 圈儿　rìzi 日子　bàba 爸爸　māma 妈妈　zhīdào 知道　ānwèi 安慰　shuìzháole 睡着了

shénme zhème zháojí juéde nàme xīnyǎnr li tiàoyuè gēge zěnme
什么 这么 着急 觉得 那么 心眼儿里 跳跃 哥哥 怎么
gàosu
告诉

作品 15 号

三十年代初，胡适在北京大学任教授。讲课时他常常对白话文大加称赞，引起一些只喜欢文言文而不喜欢白话文的学生的不满。

一次，胡适正讲得得意的时候，一位姓魏的学生突然站了起来，生气地问："胡先生，难道说白话文就毫无缺点吗？"胡适微笑着回答说："没有。"那位学生更加激动了："肯定有！白话文废话太多，打电报用字多，花钱多。"胡适的目光顿时变亮了。轻声地解释说："不一定吧！前几天有位朋友给我打来电报，请我去政府部门工作，我决定不去，就回电拒绝了。复电是用白话写的，看来也很省字。请同学们根据我这个意思，用文言文写一个回电，看看究竟是白话文省字，还是文言文省字？"胡教授刚说完，同学们立刻认真地写了起来。

十五分钟过去，胡适让同学举手，报告用字的数目，然后挑了一份用字最少的文言电报稿，电文是这样写的："才疏学浅，恐难胜任，不堪从命。"白话文的意思是：学问不深，恐怕很难担任这个工作，不能服从安排。

胡适说，这份写得确实不错，仅用了十二个字。但我的白话电报却只用了五个字："干不了，谢谢！"

胡适又解释说："干不了"就有才疏学浅、恐难胜任的意思；"谢谢"既//对朋友的介绍表示感谢，又有拒绝的意思。所以，废话多不多，并不看它是文言文还是白话文，只要注意选用字词，白话文是可以比文言文更省字的。

节选自陈灼主编《实用汉语中级教程》（上）中《胡适的白话电报》

语音提示：

xǐhuan xuésheng shíhou xiānsheng péngyou tóngxuémen yì si
喜欢 学生 时候 先生 朋友 同学们 意思
kànkan xuéwen xièxie
看看 学问 谢谢

作品 16 号

很久以前，在一个漆黑的秋天的夜晚，我泛舟在西伯利亚一条阴森森的河上。船到一个转弯处，只见前面黑黢黢的山峰下面一星火光蓦地一闪。

火光又明又亮,好像就在眼前……

"好啦,谢天谢地!"我高兴地说,"马上就到过夜的地方啦!"

船夫扭头朝身后的火光望了一眼,又不以为然地划起桨来。

"远着呢!"

我不相信他的话,因为火光冲破朦胧的夜色,明明在那儿闪烁。不过船夫是对的,事实上,火光的确还远着呢。

这些黑夜的火光的特点是:驱散黑暗,闪闪发亮,近在眼前,令人神往。乍一看,再划几下就到了……其实却还远着呢!……

我们在漆黑如墨的河上又划了很久。一个个峡谷和悬崖,迎面驶来,又向后移去,仿佛消失在茫茫的远方,而火光却依然停在前头,闪闪发亮,令人神往——依然是这么近,又依然是那么远……

现在,无论是这条被悬崖峭壁的阴影笼罩的漆黑的河流,还是那一星明亮的火光,都经常浮现在我的脑际,在这以前和在这以后,曾有许多火光,似乎近在咫尺,不止使我一人心驰神往。可是生活之河却仍然在那阴森森的两岸之间流着,而火光也依旧非常遥远。因此,必须加劲划桨……

然而,火光啊……毕竟……毕竟就//在前头!……

节选自[俄]柯罗连科《火光》,张铁夫译

语音提示:

hēiqūqū	mòdì	hǎo lā	dìfang	yuǎnzhe ne	nàr	zhà	wǒmen	huále
黑黢黢	蓦地	好啦	地方	远着呢	那儿	乍	我们	划了
qiántou	zhème	nàme	zhǐchǐ	huájiǎng	nga			
前头	这么	那么	咫尺	划桨	啊			

作品 17 号

对于一个在北平住惯的人,像我,冬天要是不刮风,便觉得是奇迹;济南的冬天是没有风声的。对于一个刚由伦敦回来的人,像我,冬天要能看得见日光,便觉得是怪事;济南的冬天是响晴的。自然,在热带的地方,日光永远是那么毒,响晴的天气,反有点儿叫人害怕。可是,在北方的冬天,而能有温晴的天气,济南真得算个宝地。

设若单单是有阳光,那也算不了出奇。请闭上眼睛想:一个老城,有山有水,全在天底下晒着阳光,暖和安适地睡着,只等春风来把它们唤醒,这是不是理想的境界?小山把济南围了个圈儿,只有北边缺着点口儿。这一圈小山在冬天特别可爱,好像是把济南放在一个小摇篮里,它们安静不动地低声地说："你们放心吧，这儿准保暖和。"真的，济南的人们在冬天是面上含笑的。他们一看那些小山，心中便觉得有了着落，有了依靠。他们由天上看到山上，便不知不觉地想起：明天也许就是春天了吧？这样的温暖，今天夜里山草也许就绿起来了吧？就是这点儿幻想不能一时实现，他们也并不着急，因为这样慈善的冬天，干什么还希望别的呢！

最妙的是下点儿小雪呀。看吧，山上的矮松越发的青黑，树尖儿上顶//着一髻儿白花，好像日本看护妇。山尖儿全白了，给蓝天镶上一道银边。山坡上，有的地方雪厚点儿，有的地方草色还露着；这样，一道儿白，一道儿暗黄，给山们穿上一件带水纹儿的花衣；看着看着，这件花衣好像被风儿吹动，叫你希望看见一点儿更美的山的肌肤。等到快日落的时候，微黄的阳光斜射在山腰上，那点儿薄雪好像忽然害羞，微微露出点儿粉色。就是下小雪吧，济南是受不住大雪的，那些小山太秀气。

节选自老舍《济南的冬天》

语音提示：

juéde 觉得　Jǐnán 济南　dìfang 地方　nàme 那么　diǎnr 点儿　zhēn děi 真得　yǎnjing 眼睛　nuǎnhuo 暖和　ānshì 安适

de 地　quānr 圈儿　kǒur 口儿　zhuóluò 着落　zháojí 着急　jìr 髻儿　kānhù 看护　shānjiānr 山尖儿　biānr 边儿　lùzhe 露着

yí dàor 一道儿　shuǐwénr 水纹儿　fēng'ér 风儿　shíhou 时候　báoxuě 薄雪　xiùqi 秀气

作品 18 号

淳朴的家乡村边有一条河，曲曲弯弯，河中架一弯石桥，弓样的小桥横跨两岸。每天，不管是鸡鸣晓月、日丽中天，还是月华泻地，小桥都印下串串足迹，洒落串串汗珠。那是乡亲为了追求多棱的希望，兑现美好的遐想。弯弯小桥，不时荡过轻吟低唱，不时露出舒心的笑容。

因而，我稚小的心灵，曾将心声献给小桥：你是一弯银色的新月，给人间普照光辉；你是一把闪亮的镰刀，割刈着欢笑的花果；你是一根晃悠悠的扁担，挑起了彩色的明天！哦，小桥走进我的梦中。

我在漂泊他乡的岁月，心中总涌动着故乡的河水，梦中总看到弓样的小桥。当我访南疆探北国，眼帘闯进座座雄伟的长桥时，我的梦变得丰满了，增添了赤橙黄绿青蓝紫。

三十多年过去，我带着满头霜花回到故乡，第一紧要的便是去看望小桥。

啊！小桥呢？它躲起来了？河中一道长虹，浴着朝霞熠熠闪光。哦，雄浑的大桥敞开胸怀，汽车的呼啸、摩托的笛音、自行车的叮铃，合奏着进行交响乐；南来的钢筋、花布，北往的柑橙、家禽，绘出交流欢悦图……

啊！蜕变的桥，传递了家乡进步的消息，透露了家乡富裕的声音。时代的春风，美好的追求，我蓦地记起儿时唱//给小桥的歌，哦，明艳艳的太阳照耀了，芳香甜蜜的花果捧来了，五彩斑斓的岁月拉开了！

我心中涌动的河水，激荡起甜美的浪花。我仰望一碧蓝天，心底轻声呼喊：家乡的桥啊，我梦中的桥！

节选自郑莹《家乡的桥》

语音提示：

zú jì	duōléng	duìxiàn	xiáxiǎng	qīngyín	gēyì	huàngyōuyōu	biǎndan
足迹	多棱	兑现	遐想	轻吟	割刈	晃悠悠	扁担
tiāoqǐ	piāobó	yǒngdòng	yì yì	ā	tuìbiàn	xiāoxi	mòdì	bānlán
挑起	漂泊	涌动	熠熠	啊	蜕变	消息	蓦地	斑斓

作品19号

三百多年前，建筑设计师莱伊恩受命设计了英国温泽市政府大厅。他运用工程力学的知识，依据自己多年的实践，巧妙地设计了只用一根柱子支撑的大厅天花板。一年以后，市政府权威人士进行工程验收时，却说只用一根柱子支撑天花板太危险，要求莱伊恩再多加几根柱子。

莱伊恩自信只要一根坚固的柱子足以保证大厅安全，他的"固执"惹恼了市政官员，险些被送上法庭。他非常苦恼，坚持自己原先的主张吧，市政官员肯定会另找人修改设计；不坚持吧，又有悖自己为人的准则。矛盾了很长一段时间，莱伊恩终于想出了一条妙计，他在大厅里增加了四根柱子，不过这些柱子并未与天花板接触，只不过是装装样子。

三百多年过去了，这个秘密始终没有被人发现。直到前两年，市政府准备修缮大厅的天花板，才发现莱伊恩当年的"弄虚作假"。消息传出后，世界各国的建筑专家和游客云集，当地政府对此也不加掩饰，在新世纪到来之际，特意将大厅作为一个旅游景点对外开放，旨在引导人们崇尚和相信科学。

作为一名建筑师，莱伊恩并不是最出色的。但作为一个人，他无疑非常伟大，这种//伟大表现在他始终恪守着自己的原则，给高贵的心灵一个美丽的住所，哪怕是遭遇到最大的阻力，也要想办法抵达胜利。

节选自游宇明《坚守你的高贵》

语音提示：

zhīshi zhùzi gùzhí bèi zhuāngzhuang yàngzi zhège xiūshàn

知识 柱子 固执 悖 装 装 样子 这个 修缮

xiāoxi zhǐ rénmen kèshǒuzhe

消息 旨 人们 恪守着

作品20号

自从传言有人在萨文河畔散步时无意发现了金子后，这里便常有来自四面八方的淘金者。他们都想成为富翁，于是寻遍了整个河床，还在河床上挖出很多大坑，希望借助它们找到更多的金子。的确，有一些人找到了，但另外一些人因为一无所得而只好扫兴归去。

也有不甘心落空的，便驻扎在这里，继续寻找。彼得·弗雷特就是其中一员。他在河床附近买了一块没人要的土地，一个人默默地工作。他为了找金子，已把所有的钱都押在这块土地上。他埋头苦干了几个月，直到土地全变成了坑坑洼洼，他失望了——他翻遍了整块土地，但连一丁点儿金子都没看见。

六个月后，他连买面包的钱都没有了。于是他准备离开这儿到别处去谋生。

就在他即将离去的前一个晚上，天下起了倾盆大雨，并且一下就是三天三夜。雨终于停了，彼得走出小木屋，发现眼前的土地看上去好像和以前不一样：坑坑洼洼已被大水冲刷平整，松软的土地上长出一层绿茸茸的小草。

"这里没找到金子，"彼得忽有所悟地说，"但这土地很肥沃，我可以用来种花，并且拿到镇上去卖给那些富人，他们一定会买些花装扮他们华丽的客//厅。如果真是这样的话，那么我一定会赚许多钱，有朝一日我也会成为富人……"

于是他留了下来。彼得花了不少精力培育花苗，不久田地里长满了美丽娇艳的各色鲜花。

五年以后，彼得终于实现了他的梦想——成了一个富翁。"我是唯一的一个找到真金的人！"他时常不无骄傲地告诉别人，"别人在这儿找不到金子后便远远地离开，而我的'金子'是在这块土地里，只有诚实的人用勤劳才能采集到。"

节选自陶猛译《金子》

语音提示：

hépàn zhùzhā zhèli Fúléitè mòmòde yìdīngdiǎnr zhèr qīngpén
河畔 驻扎 这里 弗雷特 默默地 一丁点儿 这儿 倾盆

lǜróngróng nàme gàosu biéren
绿茸茸 那么 告诉 别人

作品 21 号

我在加拿大学习期间遇到过两次募捐，那情景至今使我难以忘怀。一天，我在渥太华的街上被两个男孩子拦住去路。他们十来岁，穿得整整齐齐，每人头上戴着个做工精巧、色彩鲜艳的纸帽，上面写着“为帮助患小儿麻痹的伙伴募捐”。其中的一个不由分说就坐在小凳上给我擦起皮鞋来，另一个则彬彬有礼地发问：“小姐，您是哪国人？喜欢渥太华吗？”“小姐，在你们国家有没有小孩儿患小儿麻痹？谁给他们医疗费？”一连串的问题，使我这个有生以来头一次在众目睽睽之下让别人擦鞋的异乡人，从近乎狼狈的窘态中解脱出来。我们像朋友一样聊起天儿来……

几个月之后，也是在街上。一些十字路口处或车站坐着几位老人。他们满头银发，身穿各种老式军装，上面布满了大大小小、形形色色的徽章、奖章，每人手捧一大束鲜花，有水仙、石竹、玫瑰及叫不出名字的，一色雪白。匆匆过往的行人纷纷止步，把钱投进这些老人身旁的白色木箱内，然后向他们微微鞠躬，从他们手中接过一朵花。我看了一会儿，有人投一两元，有人投几百元，还有人掏出支票填好后投进木箱。那些老军人毫不注意人们捐多少钱，一直不//停地向人们低声道谢。同行的朋友告诉我，这是为纪念二次大战中参战的勇士，募捐救济残废军人和烈士遗孀，每年一次；认捐的人可谓踊跃，而且秩序井然，气氛庄严。有些地方，人们还耐心地排着队。我想，这是因为他们都知道：正是这些老人们的流血牺牲换来了包括他们信仰自由在内的许许多多。

我两次把那微不足道的一点儿钱捧给他们，只想对他们说声“谢谢”。

节选自青白《捐诚》

语音提示：

wòtàihuá má bì xiǎoháir kuíkuí biéren péngyou méigui míngzi
渥太华 麻痹 小孩儿 睽睽 别人 朋友 玫瑰 名字

yísè yíhuìr yíshuāng yǒngyuè dìfang zhīdào liúxuè xièxie
一色 一会儿 遗孀 踊跃 地方 知道 流血 谢谢

作品 22 号

没有一片绿叶，没有一缕炊烟，没有一粒泥土，没有一丝花香，只有水的世界，云的海洋。

一阵台风袭过，一只孤单的小鸟无家可归，落到被卷到洋里的木板上，乘流而下，姗姗而来，近了，近了！……

忽然，小鸟张开翅膀，在人们头顶盘旋了几圈儿，"噗啦"一声落到了船上。许是累了？还是发现了"新大陆"？水手撵它它不走，抓它，它乖乖地落在掌心。可爱的小鸟和善良的水手结成了朋友。

瞧，它多美丽，娇巧的小嘴，啄理着绿色的羽毛，鸭子样的扁脚，呈现出春草的鹅黄。水手们把它带到舱里，给它"搭铺"，让它在船上安家落户，每天，把分到的一塑料桶淡水匀给它喝，把从祖国带来的鲜美的鱼肉分给它吃，天长日久，小鸟和水手的感情日趋笃厚。清晨，当第一束阳光射进舷窗时，它便敞开美丽的歌喉，唱啊唱，嘤嘤有韵，宛如春水淙淙。人类给它以生命，它毫不悭吝地把自己的艺术青春奉献给了哺育它的人。可能都是这样？艺术家们的青春只会献给尊敬他们的人。

小鸟给远航生活蒙上了一层浪漫色调。返航时，人们爱不释手，恋恋不舍地想把它带到异乡。可小鸟憔悴了，给水，不喝！喂肉，不吃！油亮的羽毛失去了光泽。是啊，我//们有自己的祖国，小鸟也有它的归宿，人和动物都是一样啊，哪儿也不如故乡好！

慈爱的水手们决定放开它，让它回到大海的摇篮去，回到蓝色的故乡去。离别前，这个大自然的朋友与水手们留影纪念。它站在许多人的头上、肩上、掌上、胳膊上，与喂养过它的人们，一起融进那蓝色的画面……

节选自王文杰《可爱的小鸟》

语音提示：

xíguo	shānshān	rénmen	quānr	pūlā	niǎn	péngyou	zhuólǐzhe
袭过	姗姗	人们	圈儿	噗啦	撵	朋友	啄理着
yā zi	shuǐshǒumen	dǔhòu	xiánchuāng	chàng nga	cóngcóng	qiānlìn	
鸭子	水手们	笃厚	舷窗	唱啊	淙淙	悭吝	
bǔyù	qiáocuì	shì ra	yíyàng nga	nǎr			
哺育	憔悴	是啊	一样啊	哪儿			

作品 23 号

纽约的冬天常有大风雪，扑面的雪花不但令人难以睁开眼睛，甚至呼吸都会吸入冰冷的雪花。有时前一天晚上还是一片晴朗，第二天拉开窗帘，却已经积雪盈尺，连门都推不开了。

遇到这样的情况，公司、商店常会停止上班，学校也通过广播，宣布停课。但令人不解的是，唯有公立小学，仍然开放。只见黄色的校车，艰难地在路边接孩子，老师则一大早就口中喷着热气，铲去车子前后的积雪，小心翼翼地开车去学校。

据统计，十年来纽约的公立小学只因为超级暴风雪停过七次课。这是多么令人惊讶的事。犯得着在大人都无须上班的时候让孩子去学校吗？小学的老师也太倒霉了吧？

于是，每逢大雪而小学不停课时，都有家长打电话去骂。妙的是，每个打电话的人，反应全一样——先是怒气冲冲地责问，然后满口道歉，最后笑容满面地挂上电话。原因是，学校告诉家长：在纽约有许多百万富翁，但也有不少贫困的家庭。后者白天开不起暖气，供不起午餐，孩子的营养全靠学校里免费的中饭，甚至可以多拿些回家当晚餐。学校停课一天，穷孩子就受一天冻，挨一天饿，所以老师们宁愿自己苦一点儿，也不能停课。//

或许有家长会说：何不让富裕的孩子在家里，让贫穷的孩子去学校享受暖气和营养午餐呢？

学校的答复是：我们不愿让那些穷苦的孩子感到他们是在接受救济，因为施舍的最高原则是保持受施者的尊严。

节选自［美］刘墉《课不能停》

语音提示：

yǎnjing 眼睛　wǎnshang 晚上　háizi 孩子　pēnzhe 喷着　chēzi 车子　tíngguo 停过　jīngyà 惊讶　shíhou 时候　gōng 供
dāng 当　ái 挨　nìngyuàn 宁愿　yìdiǎnr 一点儿　wǒmen 我们　tāmen 他们

作品 24 号

十年，在历史上不过是一瞬间。只要稍加注意，人们就会发现：在这一瞬间里，各种事物都悄悄经历了自己的千变万化。

这次重新访日，我处处感到亲切和熟悉，也在许多方面发觉了日本的变化。就拿奈良的一个角落来说吧，我重游了为之感受很深的唐招提寺，在寺内各处匆匆走了一遍，庭院依旧，但意想不到还看到了一些新的东西。其中之一，就是近几年从中国移植来的“友谊之莲”。

在存放鉴真遗像的那个院子里，几株中国莲昂然挺立，翠绿的宽大荷叶正迎风而舞，显得十分愉快。开花的季节已过，荷花朵朵已变为莲蓬累累。莲子的颜色正在由青转紫，看来已经成熟了。

我禁不住想："因"已转化为"果"。

中国的莲花开在日本，日本的樱花开在中国，这不是偶然。我希望这样一种盛况延续不衰。可能有人不欣赏花，但绝不会有人欣赏落在自己面前的炮弹。

在这些日子里，我看到了不少多年不见的老朋友，又结识了一些新朋友。大家喜欢涉及的话题之一，就是古长安和古奈良。那还用得着问吗？朋友们缅怀过去，正是瞩望未来。瞩目于未来的人们必将获得未来。

我不例外，也希望一个美好的未来。

为//了中日人民之间的友谊，我将不浪费今后生命的每一瞬间。

节选自严文井《莲花和樱花》

语音提示：

shùnjiān 瞬间　rénmen 人们　shúxī 熟悉　cōngcōng 匆匆　dōngxi 东西　nàge 那个　léiléi 累累　liánzǐ 莲子

jīnbuzhù 禁不住　rì zi 日子　lǎopéngyou 老朋友　xǐhuan 喜欢　yòngdezháo 用得着　miǎnhuái 缅怀　zhǔmù 瞩目　yǒuyì 友谊

作品 25 号

梅雨潭闪闪的绿色招引着我们，我们开始追逐她那离合的神光了。揪着草，攀着乱石，小心探身下去，又鞠躬过了一个石穹门，便到了汪汪一碧的潭边了。

瀑布在襟袖之间，但是我的心中已没有瀑布了。我的心随潭水的绿而摇荡。那醉人的绿呀！仿佛一张极大极大的荷叶铺着，满是奇异的绿呀。我想张开两臂抱住她，但这是怎样一个妄想啊。

站在水边，望到那面，居然觉着有些远呢！这平铺着、厚积着的绿，着实可爱。她松松地皱缬着，像少妇拖着的裙幅；她滑滑地明亮着，像涂了"明油"一般，有鸡蛋清那样软，那样嫩；她又不杂些尘滓，宛然一块温润的碧玉，只清清的一色——但你却看不透她！

我曾见过北京什刹海拂地的绿杨，脱不了鹅黄的底子，似乎太淡了。我又曾见过杭州虎跑寺近旁高峻而深密的"绿壁"，重叠着无穷的碧草与绿叶的，那又似乎太浓了。其余呢，西湖的波太明了，秦淮河的也太暗了。可爱的，我将什么来比拟你呢？我怎么比拟得出呢？大约潭是很深的，故能蕴蓄着这样奇异的绿；仿佛蔚蓝的天融了一块在里面似的，这才这般的鲜润啊。

那醉人的绿呀！我若能裁你以为带，我将赠给那轻盈的//舞女，她必能临风飘举了。我若能挹你以为眼，我将赠给那善歌的盲妹，她必明眸善睐了。我舍不得你，我怎舍得你呢？我用手拍着你，抚摩着你，如同一个十二三岁的小姑娘。我又掬你入口，便是吻着她了。我送你一个名字，我从此叫你“女儿绿”，好吗？

第二次到仙岩的时候，我不禁惊诧于梅雨潭的绿了。

节选自朱自清《绿》

语音提示：

wǒmen zhuīzhuō jiūzhe shíqióngmén jīnxiù zhuóshí zhòuxiézhe
我们 追捉 揪着 石穹门 襟袖 着实 皱缬着

chénzǐ jiànguo shíchàhǎi dǐzi shénme zěnme yùnxùzhe shìde
尘滓 见过 什刹海 底子 什么 怎么 蕴蓄着 似的

xiānrùn na yì míngmóu-shànlài fǔmózhe gūniang míngzi shíhou
鲜润啊 挹 明眸善睐 抚摩着 姑娘 名字 时候

bùjīn jīngchà
不禁 惊诧

作品 26 号

我们家的后园有半亩空地，母亲说：“让它荒着怪可惜的，你们那么爱吃花生，就开辟出来种花生吧。”我们姐弟几个都很高兴，买种，翻地，播种，浇水，没过几个月，居然收获了。

母亲说：“今晚我们过一个收获节，请你们父亲也来尝尝我们的新花生，好不好？”我们都说好。母亲把花生做成了好几样食品，还吩咐就在后园的茅亭里过这个节。

晚上天色不太好，可是父亲也来了，实在很难得。

父亲说：“你们爱吃花生吗？”

我们争着答应：“爱！”

“谁能把花生的好处说出来？”

姐姐说：“花生的味美。”

哥哥说：“花生可以榨油。”

我说：“花生的价钱便宜，谁都可以买来吃，都喜欢吃。这就是它的好处。”

父亲说："花生的好处很多，有一样最可贵：它的果实埋在地里，不像桃子、石榴、苹果那样，把鲜红嫩绿的果实高高地挂在枝头上，使人一见就生爱慕之心。你们看它矮矮地长在地上，等到成熟了，也不能立刻分辨出来它有没有果实，必须挖出来才知道。"

我们都说是，母亲也点点头。

父亲接下去说："所以你们要像花生，它虽然不好看，可是很有用，不是外表好看而没有实用的东西。"

我说："那么，人要做有用的人，不要做只讲体面，而对别人没有好处的人了。"//

父亲说："对。这是我对你们的希望。"

我们谈到夜深才散。花生做的食品都吃完了，父亲的话却深深地印在我的心上。

节选自许地山《落花生》

语音提示：

wǒmen	kòngdì	nǐmen	bōzhǒng	chángchang	fēnfù	zhège
我们	空地	你们	播种	尝尝	吩咐	这个

wǎnshang	dāying	jiějie	wèir	gēge	piányi	xǐhuan	táozi	shíliu
晚上	答应	姐姐	味儿	哥哥	便宜	喜欢	桃子	石榴

作品 27 号

我打猎归来，沿着花园的林荫路走着。狗跑在我前边。突然，狗放慢脚步，蹑足潜行，好像嗅到了前边有什么野物。我顺着林荫路望去，看见了一只嘴边还带黄色、头上生着柔毛的小麻雀。风猛烈地吹打着林荫路上的白桦树，麻雀从巢里跌落下来，呆呆地伏在地上，孤立无援地张开两只羽毛还未丰满的小翅膀。

我的狗慢慢向它靠近。忽然，从附近一棵树上飞下一只黑胸脯的老麻雀，像一颗石子似的落到狗的跟前。老麻雀全身倒竖着羽毛，惊恐万状，发出绝望、凄惨的叫声，接着向露出牙齿、大张着的狗嘴扑去。

老麻雀是猛扑下来救护幼雀的。它用身体掩护着自己的幼儿……但它整个小小的身体因恐怖而战栗着，它小小的声音也变得粗暴嘶哑，它在牺牲自己！

在它看来，狗该是多么庞大的怪物啊！然而，它还是不能站在自己高高的、安全的树枝上……一种比它的理智更强烈的力量，使它从那儿扑下身来。

我的狗站住了，向后退了退……看来，它也感到了这种力量。

我赶紧唤住惊慌失措的狗，然后我怀着崇敬的心情，走开了。

是啊，请不要见笑。我崇敬那只小小的、英勇的鸟儿，我崇敬它那种爱的冲动和力量。爱，我想，比//死和死的恐惧更强大。只有依靠它，依靠这种爱，生命才能维持下去，发展下去。

节选自［俄］屠格涅夫《麻雀》，巴金译

语音提示：

nièzúqiánxíng	shénme	cháoli	xiōngpú	shízǐ	shìde	dàoshùzhe	
蹑足潜行	什么	巢里	胸脯	石子	似的	倒竖着	
zhànlìzhe	biànde	duōme	guàiwù wa	nàr	jīnghuāng-shīcuò	shìra	niǎor
战栗着	变得	多么	怪物啊	那儿	惊慌失措	是啊	鸟儿

作品28号

那年我六岁。离我家仅一箭之遥的小山坡旁，有一个早已被废弃的采石场，双亲从来不准我去那儿，其实那儿风景十分迷人。

一个夏季的下午，我随着一群小伙伴偷偷上那儿去了。就在我们穿越了一条孤寂的小路后，他们却把我一个人留在原地，然后奔向“更危险的地带”了。

等他们走后，我惊慌失措地发现，再也找不到要回家的那条孤寂的小道了。像只无头的苍蝇，我到处乱钻，衣裤上挂满了芒刺。太阳已经落山，而此时此刻，家里一定开始吃晚餐了，双亲正盼着我回家……想着想着，我不由得背靠着一棵树，伤心地呜呜大哭起来……

突然，不远处传来了声声柳笛。我像找到了救星，急忙循声走去。一条小道边的树桩上坐着一位吹笛人，手里还正削着什么。走近细看，他不就是被大家称为“乡巴佬儿”的卡廷吗？

“你好，小家伙儿，”卡廷说，“看天气多美，你是出来散步的吧？”

我怯生生地点点头，答道：“我要回家了。”

“请耐心等上几分钟，”卡廷说，“瞧，我正在削一支柳笛，差不多就要做好了，完工后就送给你吧！”

卡廷边削边不时把尚未成形的柳笛放在嘴里试吹一下。没过多久，一支柳笛便递到我手中。我俩在一阵阵清脆悦耳的笛音//中，踏上了归途……

当时，我心中只充满感激，而今天，当我自己也成了祖父时，却突然领悟到他用心之良苦！那天当他听到我的哭声时，便判定我一定迷了路，但他并不想在孩子面前扮演“救星”的角色，于是吹响柳笛以便让我能发现他，并跟着他走出困境！就这样，卡廷先生以乡下人的淳朴，保护了一个小男孩儿强烈的自尊。

节选自唐若水译《迷途笛音》

语音提示：

nà r	bēn	jīnghuāng	shīcuò de	cāngying	tūrán	xúnshēng	xuē
那儿	奔	惊慌	失措地	苍蝇	突然	循声	削
shénme	Kǎtíng	xiǎojiāhuo	qièshēngshēng de	juésè	xiānsheng	nánháir	
什么	卡廷	小家伙	怯生生地	角色	先生	男孩儿	

作品 29 号

在浩瀚无垠的沙漠里，有一片美丽的绿洲，绿洲里藏着一颗闪光的珍珠。这颗珍珠就是敦煌莫高窟。它坐落在我国甘肃省敦煌市三危山和鸣沙山的怀抱中。

鸣沙山东麓是平均高度为十七米的崖壁。在一千六百多米长的崖壁上，凿有大小洞窟七百余个，形成了规模宏伟的石窟群。其中四百九十二个洞窟中，共有彩色塑像两千一百余尊，各种壁画共四万五千多平方米。莫高窟是我国古代无数艺术匠师留给人类的珍贵文化遗产。

莫高窟的彩塑，每一尊都是一件精美的艺术品。最大的有九层楼那么高，最小的还不如一个手掌大。这些彩塑个性鲜明，神态各异。有慈眉善目的菩萨，有威风凛凛的天王，还有强壮勇猛的力士……

莫高窟壁画的内容丰富多彩，有的是描绘古代劳动人民打猎、捕鱼、耕田、收割的情景，有的是描绘人们奏乐、舞蹈、演杂技的场面，还有的是描绘大自然的美丽风光。其中最引人注目的是飞天。壁画上的飞天，有的臂挎花篮，采摘鲜花；有的反弹琵琶，轻拨银弦；有的倒悬身子，自天而降；有的彩带飘拂，漫天遨游；有的舒展着双臂，翩翩起舞。看着这些精美动人的壁画，就像走进了//灿烂辉煌的艺术殿堂。

莫高窟里还有一个面积不大的洞窟——藏经洞。洞里曾藏有我国古代的各种经卷、文书、帛画、刺绣、铜像等共六万多件。由于清朝政府腐败无能，大量珍贵的文物被外国强盗掠走。仅存的部分经卷，现在陈列于北京故宫等处。

莫高窟是举世闻名的艺术宝库。这里的每一尊彩塑、每一幅壁画、每一件文物，都是中国古代人民智慧的结晶。

节选自小学《语文》第六册中《莫高窟》

语音提示：

wúyín　dōnglù　záo　wēifēng-lǐnlǐn　pípa　xián　shēnzi　áoyóu　jīngjuàn
无垠　东麓　凿　威风凛凛　琵琶　弦　身子　遨游　经卷
bóhuà
帛画

作品 30 号

其实你在很久以前并不喜欢牡丹，因为它总被人作为富贵膜拜。后来你目睹了一次牡丹的落花，你相信所有的人都会为之感动：一阵清风徐来，娇艳鲜嫩的盛期牡丹忽然整朵整朵地坠落，铺撒一地绚丽的花瓣。那花瓣落地时依然鲜艳夺目，如同一只奉上祭坛的大鸟脱落的羽毛，低吟着壮烈的悲歌离去。

牡丹没有花谢花败之时，要么烁于枝头，要么归于泥土，它跨越委顿和衰老，由青春而死亡，由美丽而消遁。它虽美却不吝惜生命，即使告别也要展示给人最后一次的惊心动魄。

所以在这阴冷的四月里，奇迹不会发生。任凭游人扫兴和诅咒，牡丹依然安之若素。它不苟且、不俯就、不妥协、不媚俗，甘愿自己冷落自己。它遵循自己的花期、自己的规律，它有权利为自己选择每年一度的盛大节日。它为什么不拒绝寒冷？

天南海北的看花人，依然络绎不绝地涌入洛阳城。人们不会因牡丹的拒绝而拒绝它的美。如果它再被贬谪十次，也许它就会繁衍出十个洛阳牡丹城。

于是你在无言的遗憾中感悟到，富贵与高贵只是一字之差。同人一样，花儿也是有灵性的，更有品位之高低。品位这东西为气为魂为//筋骨为神韵，只可意会。你叹服牡丹卓尔不群之姿，方知品位是多么容易被世人忽略或是漠视的美。

节选自张抗抗《牡丹的拒绝》

语音提示：

xǐhuan　pūsǎ　yàome　shuò　xiāodùn　zǔzhòu　wèishénme　luòyì-bùjué
喜欢　铺撒　要么　烁　消遁　诅咒　为什么　络绎不绝

rénmen biǎnzhé fányǎn chā huā’ér dōngxi zhuó’ěr-bùqún
人们 贬谪 繁衍 差 花儿 东西 卓尔不群

作品 31 号

森林涵养水源、保持水土、防止水旱灾害的作用非常大。据专家测算，一片十万亩面积的森林，相当于一个两百万立方米的水库，这正如农谚所说的："山上多栽树，等于修水库。雨多它能吞，雨少它能吐。"

说起森林的功劳，那还多得很。它除了为人类提供木材及许多种生产、生活的原料之外，在维护生态环境方面也是功劳卓著。它用另一种"能吞能吐"的特殊功能孕育了人类。因为地球在形成之初，大气中的二氧化碳含量很高，氧气很少，气温也高，生物是难以生存的。大约在四亿年之前，陆地才产生了森林。森林慢慢将大气中的二氧化碳吸收，同时吐出新鲜氧气，调节气温：这才具备了人类生存的条件，地球上才最终有了人类。

森林，是地球生态系统的主体，是大自然的总调度室，是地球的绿色之肺。森林维护地球生态环境的这种"能吞能吐"的特殊功能是其他任何物体都不能取代的。然而，由于地球上的燃烧物增多，二氧化碳的排放量急剧增加，使得地球生态环境急剧恶化，主要表现为全球气候变暖，水分蒸发加快，改变了气流的循环，使气候变化加剧，从而引发热浪、飓风、暴雨、洪涝及干旱。

为了//使地球的这个"能吞能吐"的绿色之肺恢复健壮，以改善生态环境，抑制全球变暖，减少水旱等自然灾害，我们应该大力造林、护林，使每一座荒山都绿起来。

节选自《中考语文课外阅读试题精选》中《"能吞能吐"的森林》

语音提示：

hányǎng zāihài cèsuàn mǔ nóngyàn zāi shù tǔ zhuózhù sēnlín
涵养 灾害 测算 亩 农谚 栽树 吐 卓著 森林

tǔ chū xīnxiān ránshāowù jùfēng hónglào yìzhì
吐出 新鲜 燃烧物 飓风 洪涝 抑制

作品 32 号

朋友即将远行。

暮春时节，又邀了几位朋友在家小聚。虽然都是极熟的朋友，却是终年难得一见，偶尔电话里相遇，也无非是几句寻常话。一锅小米稀饭，一碟大头菜，一盘自家腌制的泡菜，一只巷口买回的烤鸭，简简单单，不像请客，倒像家人团聚。

其实，友情也好，爱情也好，久而久之都会转化为亲情。

说也奇怪，和新朋友会谈文学、谈哲学、谈人生道理等等，和老朋友却只话家常，柴米油盐，细细碎碎，种种琐事。很多时候，心灵的契合已经不需要太多的言语来表达。

朋友新烫了个头，不敢回家见母亲，恐怕惊骇了老人家，却欢天喜地来见我们，老朋友颇能以一种趣味性的眼光欣赏这个改变。

年少的时候，我们差不多都在为别人而活，为苦口婆心的父母活，为循循善诱的师长活，为许多观念、许多传统的约束力而活。年岁逐增，渐渐挣脱外在的限制与束缚，开始懂得为自己活，照自己的方式做一些自己喜欢的事，不在乎别人的批评意见，不在乎别人的诋毁流言，只在乎那一份随心所欲的舒坦自然。偶尔，也能够纵容自己放浪一下，并且有一种恶作剧的窃喜。

就让生命顺其自然，水到渠成吧，犹如窗前的//乌桕，自生自落之间，自有一份圆融丰满的喜悦。春雨轻轻落着，没有诗，没有酒，有的只是一份相知相属的自在自得。

夜色在笑语中渐渐沉落，朋友起身告辞，没有挽留，没有送别，甚至也没有问归期。

已经过了大喜大悲的岁月，已经过了伤感流泪的年华，知道了聚散原来是这样的自然和顺理成章，懂得这点，便懂得珍惜每一次相聚的温馨，离别便也欢喜。

节选自(台湾地区)杏林子《朋友和其他》

语音提示：

shú	yānzhì	qīnqíng	suǒshì	qìhé	jīnghài	pō néng	xúnxún-shànyòu
熟	腌制	亲情	琐事	契合	惊骇	颇能	循循善诱
shùfù	zàihu	dǐhuǐ	qièxǐ	wūjiù	wēnxīn		
束缚	在乎	诋毁	窃喜	乌桕	温馨		

作品 33 号

我们在田野散步：我，我的母亲，我的妻子和儿子。

母亲本不愿出来的。她老了，身体不好，走远一点儿就觉得很累。我说，正因为如此，才应该多走走。母亲信服地点点头，便去拿外套。她现在很听我的话，就像我小时候很听她的话一样。

这南方初春的田野，大块小块的新绿随意地铺着，有的浓，有的淡，树上的嫩芽也密了，田里的冬水也咕咕地起着水泡。这一切都使人想着一样东西——生命。

我和母亲走在前面，我的妻子和儿子走在后面。小家伙突然叫起来："前面是妈妈和儿子，后面也是妈妈和儿子。"我们都笑了。

后来发生了分歧：母亲要走大路，大路平顺；我的儿子要走小路，小路有意思。不过，一切都取决于我。我的母亲老了，她早已习惯听从她强壮的儿子；我的儿子还小，他还习惯听从他高大的父亲；妻子呢，在外面，她总是听我的。一霎时我感到了责任的重大。我想找一个两全的办法，找不出；我想拆散一家人，分成两路，各得其所，终不愿意。我决定委屈儿子，因为我伴同他的时日还长。我说："走大路。"

但是母亲摸摸孙儿的小脑瓜，变了主意："还是走小路吧。"她的眼随小路望去，那里有金色的菜花，两行整齐的桑树，//尽头一口水波粼粼的鱼塘。"我走不过去的地方，你就背着我。"母亲对我说。

这样，我们在阳光下，向着那菜花、桑树和鱼塘走去。到了一处，我蹲下来，背起了母亲；妻子也蹲下来，背起了儿子。我和妻子都是慢慢地、稳稳地，走得很仔细，好像我背上的同她背上的加起来，就是整个世界。

节选自莫怀戚《散步》

语音提示：

yìdiǎnr	fēnqí	yì si	qiángzhuàng	yíshàshí	chāisàn	sāngshù
一点儿	分歧	意思	强壮	一霎时	拆散	桑树

shuǐbō línlín
水波粼粼

作品 34 号

地球上是否真的存在"无底洞"？按说地球是圆的，由地壳、地幔和地核三层组成，真正的"无底洞"是不应存在的，我们所看到的各种山洞、裂口、裂缝，甚至火山口也都只是地壳浅部的一种现象。然而中国一些古籍却多次提到海外有个深奥莫测的"无底洞"。事实上地球上确实有这样一个"无底洞"。

它位于希腊亚各斯古城的海滨。由于濒临大海，大涨潮时，汹涌的海水便会排山倒海般地涌入洞中，形成一股湍湍的急流。据测，每天流入洞内的海水量达三万多吨。奇怪的是，如此大量的海水灌入洞中，却从来没有把洞灌满。曾有人怀疑，这个“无底洞”，会不会就像石灰岩地区的漏斗、竖井、落水洞一类的地形。然而从二十世纪三十年代以来，人们就作了多种努力企图寻找它的出口，却都是枉费心机。

为了揭开这个秘密，一九五八年美国地理学会派出一支考察队，他们把一种经久不变的带色染料溶解在海水中，观察染料是如何随着海水一起沉下去。接着又察看了附近海面以及岛上的各条河、湖，满怀希望地寻找这种带颜色的水，结果令人失望。难道是海水量太大把有色水稀释得太淡，以致无法发现？//

至今谁也不知道为什么这里的海水会没完没了地“漏”下去，这个“无底洞”的出口又在哪里，每天大量的海水究竟都流到哪里去了？

节选自罗伯特·罗威尔《神秘的“无底洞”》

语音提示：

dìqiào	dìmàn	shēn'ào	hǎibīn	bīnlín	tuāntuān de	wǎngfèi-xīnjī
地壳	地幔	深奥	海滨	濒临	湍湍的	枉费心机
rǎnliào	xīshì					
染料	稀释					

作品 35 号

我在俄国见到的景物再没有比托尔斯泰墓更宏伟、更感人的。

完全按照托尔斯泰的愿望，他的坟墓成了世间最美的，给人印象最深刻的坟墓。它只是树林中的一个小小的长方形土丘，上面开满鲜花——没有十字架，没有墓碑，没有墓志铭，连托尔斯泰这个名字也没有。

这位比谁都感到受自己的声名所累的伟人，却像偶尔被发现的流浪汉，不为人知的士兵，不留名姓地被人埋葬了。谁都可以踏进他最后的安息地，围在四周稀疏的木栅栏是不关闭的——保护列夫·托尔斯泰得以安息的没有任何别的东西，唯有人们的敬意；而通常，人们却总是怀着好奇，去破坏伟人墓地的宁静。

这里，逼人的朴素禁锢住任何一种观赏的闲情，并且不容许你大声说话。风儿俯临，在这座无名者之墓的树木之间飒飒响着，和暖的阳光在坟头嬉戏；冬天，白雪温柔地覆盖这片幽暗的土地。无论你在夏天或冬天经过这儿，你都想象不到，这个小小的、隆起的长方体里安放着一位当代最伟大的人物。

然而，恰恰是这座不留姓名的坟墓，比所有挖空心思用大理石和奢华装饰建造的坟墓更扣人心弦。在今天这个特殊的日子里，//到他的安息地来的成百上千人中间，没有一个有勇气，哪怕仅仅从这幽暗的土丘上摘下一朵花留作纪念。人们重新感到，世界上再没有比托尔斯泰最后留下的、这座纪念碑式的朴素坟墓，更打动人心的了。

节选自［奥］茨威格《世间最美的坟墓》，张厚仁译

语音提示：

hóngwěi 宏伟　mùzhìmíng 墓志铭　shēngmíngsuǒlěi 声名所累　máizàng 埋葬　zhàlan 栅栏　jìngù 禁锢　fǔlín 俯临

sàsà 飒飒　zhèr 这儿　shēhuá 奢华　kòurén-xīnxián 扣人心弦

作品 36 号

我国的建筑，从古代的宫殿到近代的一般住房，绝大部分是对称的，左边怎么样，右边怎么样。苏州园林可绝不讲究对称，好像故意避免似的。东边有了一个亭子或者一道回廊，西边绝不会来一个同样的亭子或者一道同样的回廊。这是为什么？我想，用图画来比方，对称的建筑是图案画，不是美术画，而园林是美术画，美术画要求自然之趣，是不讲究对称的。

苏州园林里都有假山和池沼。

假山的堆叠，可以说是一项艺术而不仅是技术。或者是重峦叠嶂，或者是几座小山配合着竹子花木，全在乎设计者和匠师们生平多阅历，胸中有丘壑，才能使游览者攀登的时候忘却苏州城市，只觉得身在山间。

至于池沼，大多引用活水。有些园林池沼宽敞，就把池沼作为全园的中心，其他景物配合着布置。水面假如成河道模样，往往安排桥梁。假如安排两座以上的桥梁，那就一座一个样，绝不雷同。

池沼或河道的边沿很少砌齐整的石岸，总是高低屈曲任其自然。还在那儿布置几块玲珑的石头，或者种些花草。这也是为了取得从各个角度看都成一幅画的效果。池沼里养着金鱼或各色鲤鱼，夏秋季节荷花或睡莲开//放，游览者看“鱼戏莲叶间”，又是入画的一景。

节选自叶圣陶《苏州园林》

语音提示：

duìchèn 对称　jiǎngjiu 讲究　shìde 似的　jiànzhù 建筑　chóngluán-diézhàng 重峦叠嶂　qiūhè 丘壑　chízhǎo 池沼

línglóng
玲珑

作品37号

一位访美中国女作家，在纽约遇到一位卖花的老太太。老太太穿着破旧，身体虚弱，但脸上的神情却是那样祥和兴奋。女作家挑了一朵花说："看起来，你很高兴。"老太太面带微笑地说："是的，一切都这么美好，我为什么不高兴呢？""对烦恼，你倒真能看得开。"女作家又说了一句。没料到，老太太的回答更令女作家大吃一惊："耶稣在星期五被钉上十字架时，是全世界最糟糕的一天，可三天后就是复活节。所以，当我遇到不幸时，就会等待三天，这样一切就恢复正常了。"

"等待三天"，多么富于哲理的话语，多么乐观的生活方式。它把烦恼和痛苦抛下，全力去收获快乐。

沈从文在"文革"期间，陷入了非人的境地。可他毫不在意，他在咸宁时给他的表侄、画家黄永玉写信说："这里的荷花真好，你若来……"身陷苦难却仍为荷花的盛开欣喜赞叹不已，这是一种趋于澄明的境界，一种旷达洒脱的胸襟，一种面临磨难坦荡从容的气度，一种对生活童子般的热爱和对美好事物无限向往的生命情感。

由此可见，影响一个人快乐的，有时并不是困境及磨难，而是一个人的心态。如果把自己浸泡在积极、乐观、向上的心态中，快乐必然会//占据你的每一天。

节选自《态度创造快乐》

语音提示：

xiánghé	děngdài	kǔnàn	qūyú	chéngmíng	xiōngjīn	cóngróng	jìnpào
祥和	等待	苦难	趋于	澄明	胸襟	从容	浸泡

作品38号

泰山极顶看日出，历来被描绘成十分壮观的奇景。有人说：登泰山而看不到日出，就像一出大戏没有戏眼，味儿终究有点寡淡。

我去爬山那天，正赶上个难得的好天，万里长空，云彩丝儿都不见。素常，烟雾腾腾的山头，显得眉目分明。同伴们都欣喜地说："明天早晨准可以看见日出了。"我也是抱着这种想头，爬上山去。

一路从山脚往上爬，细看山景，我觉得挂在眼前的不是五岳独尊的泰山，却像一幅规模惊人的青绿山水画，从下面倒展开来。在画卷中最先露出的是山根底那座明朝建筑岱宗坊，慢慢地便现出王母池、斗母宫、经石峪。山是一层比一层深，一叠比一叠奇，层层叠叠，不知还会有多深多奇，万山丛中，时而点染着极其工细的人物。王母池旁的吕祖殿里有不少尊明塑，塑着吕洞宾等一些人，姿态神情是那样有生气，你看了，不禁会脱口赞叹说："活啦。"画卷继续展开，绿荫森森的柏洞露面不太久，便来到对松山。两面奇峰对峙着，满山峰都是奇形怪状的老松，年纪怕都有上千岁了，颜色竟那么浓，浓得好像要流下来似的。来到这儿，你不妨权当一次画里的写意人物，坐在路旁的对松亭里，看看山色，听听流//水和松涛。

一时间，我又觉得自己不仅是在看画卷，却又像是在零零乱乱翻着一卷历史稿本。

节选自杨朔《泰山极顶》

语音提示：

wèir	guǎdàn	rìchū	dàizōngfāng	diǎnrǎn	bǎidòng	duìzhì
味儿	寡淡	日出	岱宗坊	点染	柏洞	对峙

作品 39 号

育才小学校长陶行知在校园看到学生王友用泥块砸自己班上的同学，陶行知当即喝止了他，并令他放学后到校长室去。无疑，陶行知是要好好教育这个"顽皮"的学生。那么他是如何教育的呢？

放学后，陶行知来到校长室，王友已经等在门口准备挨训了。可一见面，陶行知却掏出一块糖果送给王友，并说："这是奖给你的，因为你按时来到这里，而我却迟到了。"王友惊疑地接过糖果。

随后，陶行知又掏出一块糖果放到他手里，说："这第二块糖果也是奖给你的，因为当我不让你再打人时，你立即就住手了，这说明你很尊重我，我应该奖你。"王友更惊疑了，他眼睛睁得大大的。

陶行知又掏出第三块糖果塞到王友手里，说："我调查过了，你用泥块砸那些男生，是因为他们不守游戏规则，欺负女生；你砸他们，说明你很正直善良，且有批评不良行为的勇气，应该奖励你啊！"王友感动极了，他流着眼泪后悔地喊道："陶……陶校长你打我两下吧！我砸的不是坏人，而是自己的同学啊……"

陶行知满意地笑了，他随即掏出第四块糖果递给王友，说："为你正确地认识错误，我再奖给你一块糖果，只可惜我只有这一块糖果了。我的糖果//

没有了，我看我们的谈话也该结束了吧！”说完，就走出了校长室。

节选自《教师博览·百期精华》中《陶行知的“四块糖果”》

语音提示：

zá	dāngjí	hèzhǐ	zhèngzhí	rènshi
砸	当即	喝止	正直	认识

作品 40 号

享受幸福是需要学习的，当它即将来临的时刻需要提醒。人可以自然而然地学会感官的享乐，却无法天生地掌握幸福的韵律。灵魂的快意同器官的舒适像一对孪生兄弟，时而相傍相依，时而南辕北辙。

幸福是一种心灵的震颤。它像会倾听音乐的耳朵一样，需要不断地训练。

简而言之，幸福就是没有痛苦的时刻。它出现的频率并不像我们想象的那样少。人们常常只是在幸福的金马车已经驶过去很远时，才捡起地上的金鬃毛说，原来我见过它。

人们喜爱回味幸福的标本，却忽略它披着露水散发清香的时刻。那时候我们往往步履匆匆，瞻前顾后，不知在忙着什么。

世上有预报台风的，有预报蝗灾的，有预报瘟疫的，有预报地震的。没有人预报幸福。其实幸福和世界万物一样，有它的征兆。

幸福常常是朦胧的，很有节制地向我们喷洒甘霖。你不要总希望轰轰烈烈的幸福，它多半只是悄悄地扑面而来。你也不要企图把水龙头拧得更大，那样它会很快地流失。你需要静静地以平和之心，体验它的真谛。

幸福绝大多数是朴素的。它不会像信号弹似的，在很高的天际闪烁红色的光芒。它披着本色的外衣，亲//切温暖地包裹起我们。

幸福不喜欢喧嚣浮华，它常常在暗淡中降临。贫困中相濡以沫的一块糕饼，患难中心心相印的一个眼神，父亲一次粗糙的抚摸，女友一张温馨的字条……这都是千金难买的幸福啊。像一粒粒缀在旧绸子上的红宝石，在凄凉中愈发熠熠夺目。

节选自毕淑敏《提醒幸福》

语音提示：

xìngfú	jíjiāng	yùnlǜ	línghún	luánshēng	nányuán-běizhé	zhènchàn
幸福	即将	韵律	灵魂	孪生	南辕北辙	震颤
qīngtīng	pínlǜ	zōngmáo	bùlǚ cōngcōng	zhānqián-gùhòu	wēnyì	
倾听	频率	鬃毛	步履匆匆	瞻前顾后	瘟疫	

zhēngzhào gānlín nǐng zhēndì pǔsù xuānxiāo xiāngrú yǐmò cūcāo
征兆 甘霖 拧 真谛 朴素 喧嚣 相濡以沫 粗糙
zhuì yìyì duómù
缀 熠熠夺目

作品41号

在里约热内卢的一个贫民窟里，有一个男孩子，他非常喜欢足球，可是又买不起，于是就踢塑料盒，踢汽水瓶，踢从垃圾箱里拣来的椰子壳。他在胡同里踢，在能找到的任何一片空地上踢。

有一天，当他在一处干涸的水塘里猛踢一个猪膀胱时，被一位足球教练看见了。他发现这个男孩儿踢得很像是那么回事，就主动提出要送给他一个足球。小男孩儿得到足球后踢得更卖劲了。不久，他就能准确地把球踢进远处随意摆放的一个水桶里。

圣诞节到了，孩子的妈妈说："我们没有钱买圣诞礼物送给我们的恩人，就让我们为他祈祷吧。"

小男孩儿跟随妈妈祈祷完毕，向妈妈要了一把铲子便跑了出去。他来到一座别墅前的花园里，开始挖坑。

就在他快要挖好坑的时候，从别墅里走出一个人来，问小孩儿在干什么，孩子抬起满是汗珠的脸蛋儿，说："教练，圣诞节到了，我没有礼物送给您，我愿给您的圣诞树挖一个树坑。"

教练把小男孩儿从树坑里拉上来，说，我今天得到了世界上最好的礼物。明天你就到我的训练场去吧。

三年后，这位十七岁的男孩儿在第六届世界杯足球赛上独进二十一球，为巴西第一次捧回了金杯。一个原来不为//世人所知的名字——贝利，随之传遍世界。

节选自刘燕敏《天才的造就》

语音提示：
pínmínkū hútòngr gānhé pángguāng nánháir qídǎo biéshù
贫民窟 胡同儿 干涸 膀胱 男孩儿 祈祷 别墅
liǎndànr jǐnbiāosài
脸蛋儿 锦标赛

作品42号

记得我十三岁时，和母亲住在法国东南部的耐斯城。母亲没有丈夫，也没有亲戚，够清苦的，但她经常能拿出令人吃惊的东西，摆在我面前。她从来不吃肉，一再说自己是素食者。然而有一天，我发现母亲正仔细地用一小块碎面包擦那给我煎牛排用的油锅。我明白了她称自己为素食者的真正原因。

我十六岁时，母亲成了耐斯市美蒙旅馆的女经理。这时，她更忙碌了。一天，她瘫在椅子上，脸色苍白，嘴唇发灰。马上找来医生，做出诊断：她摄取了过多的胰岛素。直到这时我才知道母亲多年一直对我隐瞒的疾痛——糖尿病。

她的头歪向枕头一边，痛苦地用手抓挠胸口。床架上方，则挂着一枚我一九三二年赢得耐斯市少年乒乓球比赛冠军的银质奖章。

啊，是对我的美好前途的憧憬支撑着她活下去，为了给她那荒唐的梦至少加一点真实的色彩，我只能继续努力，与时间竞争，直至一九三八年我被征入空军。巴黎很快失陷，我辗转调到英国皇家空军。刚到英国就接到了母亲的来信。这些信是由在瑞士的一个朋友秘密地转到伦敦，送到我手中的。

现在我要回家了，胸前佩戴着醒目的绿黑两色的解放十字绶//带，上面挂着五六枚我终生难忘的勋章，肩上还佩戴着军官肩章。到达旅馆时，没有一个人跟我打招呼。原来，我母亲在三年半以前就已经离开人间了。

在她死前的几天中，她写了近二百五十封信，把这些信交给她在瑞士的朋友，请这个朋友定时寄给我。就这样，在母亲死后的三年半的时间里，我一直从她身上吸取着力量和勇气——这使我能够继续战斗到胜利那一天。

节选自［法］罗曼·加里《我的母亲独一无二》

语音提示：

qīnqi	dōngxi	sùshízhě	cā	zhēnzhèng	Nàisī Shì	zhīdào	yǐnmán
亲戚	东西	素食者	擦	真正	耐斯市	知道	隐瞒
zhěntou	zhuānao	chōngjǐng	zhǎnzhuǎn	shòudài	xūnzhāng	zhāohu	xīqǔ
枕头	抓挠	憧憬	辗转	绶带	勋章	招呼	吸取

作品 43 号

生活对于任何人都非易事，我们必须有坚韧不拔的精神。最要紧的，还是我们自己要有信心。我们必须相信，我们对每一件事情都具有天赋的才能，并且，无论付出任何代价，都要把这件事完成。当事情结束的时候，你要能问心无愧地说：“我已经尽我所能了。”

有一年的春天，我因病被迫在家里休息数周。我注视着我的女儿们所养的蚕正在结茧，这使我很感兴趣。望着这些蚕执著地、勤奋地工作，我感到我和它们非常相似。像它们一样，我总是耐心地把自己的努力集中在一个目标上。我之所以如此，或许是因为有某种力量在鞭策着我——正如蚕被鞭策着去结茧一般。

近五十年来，我致力于科学研究，而研究，就是对真理的探讨。我有许多美好快乐的记忆。少女时期我在巴黎大学，孤独地过着求学的岁月；在后来献身科学的整个时期，我丈夫和我专心致志，像在梦幻中一般，坐在简陋的书房里艰辛地研究，后来我们就在那里发现了镭。

我永远追求安静的工作和简单的家庭生活。为了实现这个理想，我竭力保持宁静的环境，以免受人事的干扰和盛名的拖累。

我深信，在科学方面我们有对事业而不是//对财富的兴趣。我的唯一奢望是在一个自由国家中，以一个自由学者的身份从事研究工作。

我一直沉醉于世界的优美之中，我所热爱的科学也不断增加它崭新的远景。我认定科学本身就具有伟大的美。

节选自［波兰］玛丽·居里《我的信念》，剑捷译

语音提示：

jiānrèn-bùbá	jīngshén	xiūxi	jiéjiǎn	zhízhuó	qínfèn	xiāngsì	biāncè
坚韧不拔	精神	休息	结茧	执著	勤奋	相似	鞭策
zhuānxīn-zhìzhì	jiānxīn	jiélì	gānrǎo	tuōlěi	shēwàng		
专心致志	艰辛	竭力	干扰	拖累	奢望		

作品 44 号

我为什么非要教书不可？是因为我喜欢当教师的时间安排表和生活节奏。七、八、九三个月给我提供了进行回顾、研究、写作的良机，并将三者有机融合，而善于回顾、研究和总结正是优秀教师素质中不可缺少的成分。

干这行给了我多种多样的“甘泉”去品尝，找优秀的书籍去研读，到“象牙塔”和实际世界里去发现。教学工作给我提供了继续学习的时间保证，以及多种途径、机遇和挑战。

然而，我爱这一行的真正原因，是爱我的学生。学生们在我的眼前成长、变化。当教师意味着亲历“创造”过程的发生——恰似亲手赋予一团泥土以生命，没有什么比目睹它开始呼吸更激动人心的了。

权力我也有了：我有权力去启发诱导，去激发智慧的火花，去问费心思

考的问题，去赞扬回答的尝试，去推荐书籍，去指点迷津。还有什么别的权力能与之相比呢？

而且，教书还给了我金钱和权力之外的东西，那就是爱心。不仅有对学生的爱，对书籍的爱，对知识的爱，还有教师才能感受到的对"特别"学生的爱。这些学生，有如冥顽不灵的泥块，由于接受了教师的炽爱才勃发了生机。

所以，我爱教书，还因为，在那些勃发生机的"特//别"学生身上，我有时发现自己和他们呼吸相通，忧乐与共。

节选自［美］彼得·基·贝得勒《我为什么当教师》

语音提示：

yánjiū	fùyǔ	yòudǎo	míjīn	míngwánbùlíng	bófā	shēngjī
研究	赋予	诱导	迷津	冥顽不灵	勃发	生机

作品 45 号

中国西部我们通常是指黄河与秦岭相连一线以西，包括西北和西南的十二个省、市、自治区。这块广袤的土地面积为五百四十六万平方公里，占国土总面积的百分之五十七；人口二点八亿，占全国总人口的百分之二十三。

西部是华夏文明的源头。华夏祖先的脚步是顺着水边走的：长江上游出土过元谋人牙齿化石，距今约一百七十万年；黄河中游出土过蓝田人头盖骨，距今约七十万年。这两处古人类都比距今约五十万年的北京猿人资格更老。

西部地区是华夏文明的重要发源地，秦皇汉武以后，东西方文化在这里交汇融合，从而有了丝绸之路的驼铃声声，佛院深寺的暮鼓晨钟。敦煌莫高窟是世界文化史上的一个奇迹，它在继承汉晋艺术传统的基础上，形成了自己兼收并蓄的恢弘气度，展现出精美绝伦的艺术形式和博大精深的文化内涵。秦始皇兵马俑、西夏王陵、楼兰古国、布达拉宫、三星堆、大足石刻等历史文化遗产，同样为世界所瞩目，成为中华文化重要的象征。

西部地区又是少数民族及其文化的集萃地，几乎包括了我国所有的少数民族。在一些偏远的少数民族地区，仍保留//了一些久远时代的艺术品种，成为珍贵的"活化石"，如纳西古乐、戏曲、剪纸、刺绣、岩画等民间艺术和宗教艺术。特色鲜明、丰富多彩，犹如一个巨大的民族民间文化艺术宝库。

我们要充分重视和利用这些得天独厚的资源优势，建立良好的民族民间文化生态环境，为西部大开发做出贡献。

节选自《中考语文课外阅读试题精选》中《西部文化和西部开发》

语音提示：

Qínlǐng 秦岭　guǎngmào 广袤　qínhuáng-hànwǔ 秦皇汉武　sīchóu 丝绸　fóyuàn-shēnsì 佛院深寺

jiānshōu-bìngxù 兼收并蓄　zhǔmù 瞩目　jícuìdì 集萃地

作品46号

高兴，这是一种具体的被看得到摸得着的事物所唤起的情绪。它是心理的，更是生理的。它容易来也容易去，谁也不应该对它视而不见、失之交臂，谁也不应该总是做那些使自己不高兴也使旁人不高兴的事。让我们说一件最容易做也最令人高兴的事吧，尊重你自己，也尊重别人，这是每一个人的权利，我还要说这是每一个人的义务。

快乐，它是一种富有概括性的生存状态、工作状态。它几乎是先验的，它来自生命本身的活力，来自宇宙、地球和人间的吸引，它是世界的丰富、绚丽、阔大、悠久的体现。快乐还是一种力量，是埋在地下的根脉。消灭一个人的快乐比挖掘掉一棵大树的根要难得多。

欢欣，这是一种青春的、诗意的情感。它来自面向着未来伸开双臂奔跑的冲力，它来自一种轻松而又神秘、朦胧而又隐秘的激动，它是激情即将到来的预兆，它又是大雨过后的比下雨还要美妙得多也久远得多的回味……

喜悦，它是一种带有形而上色彩的修养和境界。与其说它是一种情绪，不如说它是一种智慧，一种超拔，一种悲天悯人的宽容和理解，一种饱经沧桑的充实和自信，一种光明的理性，一种坚定//的成熟，一种战胜了烦恼和庸俗的清明澄澈。它是一潭清水，它是一抹朝霞，它是无边的平原，它是沉默的地平线，多一点儿、再多一点儿喜悦吧，它是翅膀，也是归巢。它是一杯美酒，也是一朵永远开不败的莲花。

节选自王蒙《喜悦》

语音提示：

zūnzhòng 尊重　xuànlì 绚丽　gēnmài 根脉　wājué 挖掘　ménglóng 朦胧　yùzhào 预兆　chāobá 超拔　bēitiān-mǐnrén 悲天悯人　chéngchè 澄澈　mǒ 抹　chìbǎng 翅膀　guīcháo 归巢

作品 47 号

在湾仔,香港最热闹的地方,有一棵榕树,它是最贵的一棵树,不光在香港,在全世界,都是最贵的。

树,活的树,又不卖,何言其贵? 只因它老,它粗,是香港百年沧桑的活见证,香港人不忍看着它被砍伐,或者被移走,便跟要占用这片山坡的建筑者谈条件:可以在这儿建大楼盖商厦,但一不准砍树,二不准挪树,必须把它原地精心养起来,成为香港闹市中的一景。太古大厦的建设者最后签了合同,占用这个大山坡建豪华商厦的先决条件是同意保护这棵老树。

树长在半山坡上,计划将树下面的成千上万吨山石全部掏空取走,腾出地方来盖楼,把树架在大楼上面,仿佛它原本是长在楼顶上似的。建设者就地造了一个直径十八米、深十米的大花盆,先固定好这棵老树,再在大花盆底下盖楼。光这一项就花了两千三百八十九万港币,堪称是最昂贵的保护措施了。

太古大厦落成之后,人们可以乘滚动扶梯一次到位,来到太古大厦的顶层,出后门,那儿是一片自然景色。一棵大树出现在人们面前,树干有一米半粗,树冠直径足有二十多米,独木成林,非常壮观,形成一座以它为中心的小公园,取名叫“榕圃”。树前面//插着铜牌,说明缘由。此情此景,如不看铜牌的说明,绝对想不到巨树根底下还有一座宏伟的现代大楼。

节选自舒乙《香港:最贵的一棵树》

语音提示:

bǎinián	cāngsāng	zhèr	dàshà	dūn	kānchēng	róngpǔ
百年	沧桑	这儿	大厦	吨	堪称	榕圃

作品 48 号

我们的船渐渐地逼近榕树了,我有机会看清它的真面目:是一棵大树,有数不清的丫枝,枝上又生根,有许多根一直垂到地上,伸进泥土里。一部分树枝垂到水面,从远处看,就像一棵大树斜躺在水面上一样。

现在正是枝繁叶茂的时节。这棵榕树好像在把它的全部生命力展示给我们看。那么多的绿叶,一簇堆在另一簇的上面,不留一点儿缝隙。翠绿的颜色明亮地在我们的眼前闪耀,似乎每一片树叶上都有一个新的生命在颤动,这美丽的南国的树!

船在树下泊了片刻,岸上很湿,我们没有上去。朋友说这里是“鸟的天堂”,有许多鸟在这棵树上做窝,农民不许人去捉它们。我仿佛听见几只鸟扑翅的声音，但是等到我的眼睛注意地看那里时，我却看不见一只鸟的影子，只有无数的树根立在地上，像许多根木桩。地是湿的，大概涨潮时河水常常冲上岸去。“鸟的天堂”里没有一只鸟，我这样想着。船开了，一个朋友拨着船，缓缓地流到河中间去。

第二天，我们划着船到一个朋友的家乡去，就是那个有山有塔的地方。从学校出发，我们又经过那“鸟的天堂”。

这一次是在早晨，阳光照在水面上，也照在树梢上。一切都//显得非常光明。我们的船也在树下泊了片刻。

起初四周围非常清静。后来忽然起了一声鸟叫。我们把手一拍，便看见一只大鸟飞了起来，接着又看见第二只、第三只。我们继续拍掌，很快地这个树林就变得很热闹了。到处都是鸟声，到处都是鸟影。大的，小的，花的，黑的，有的站在枝上叫，有的飞起来，在扑翅膀。

节选自巴金《小鸟的天堂》

语音提示：

yāzhī	nàme	cù	fèngxì	bó	péngyou	yǎnjing	dìfang	shùshāo
丫枝	那么	簇	缝隙	泊	朋友	眼睛	地方	树梢

rènao
热闹

作品 49 号

有这样一个故事。有人问：世界上什么东西的气力最大？回答纷纭得很，有的说“象”，有的说“狮”，有人开玩笑似的说：是“金刚”，金刚有多少气力，当然大家全不知道。结果，这一切答案完全不对，世界上气力最大的，是植物的种子。一粒种子所可以显现出来的力，简直是超越一切。

人的头盖骨，结合得非常致密与坚固，生理学家和解剖学者用尽了一切的方法，要把它完整地分出来，都没有这种力气。后来忽然有人发明了一个方法，就是把一些植物的种子放在要剖析的头盖骨里，给它以温度与湿度，使它发芽。一发芽，这些种子便以可怕的力量，将一切机械力所不能分开的骨骼，完整地分开了。植物种子的力量之大，如此如此。

这，也许特殊了一点儿，常人不容易理解。那么，你看见过笋的成长吗？你看见过被压在瓦砾和石块下面的一棵小草的生长吗？它为着向往阳光，为着达成它的生之意志，不管上面的石块如何重，石与石之间如何狭，它必定要曲曲折折地，但是顽强不屈地透到地面上来。

它的根往土壤钻，它的芽往地面挺，这是一种不可抗拒的力，阻止它的石块，结果也被它掀翻，一粒种子的力量之大，//如此如此。

没有一个人将小草叫做“大力士”，但是它的力量之大，的确是世界无比。这种力是一般人看不见的生命力。只要生命存在，这种力就要显现。上面的石块，丝毫不足以阻挡。因为它是一种“长期抗战”的力；有弹性，能屈能伸的力；有韧性，不达目的不止的力。

节选自夏衍《野草》

语音提示：

dōngxi 东西　fēnyún 纷纭　shìde 似的　jiéguǒ 结果　jiéhé 结合　jiěpōuxué 解剖学　wánzhěng 完整　jīxièlì 机械力

gǔgé 骨骼　sǔn 笋　wǎlì 瓦砾　qūqūzhézhé 曲曲折折　tǔrǎng 土壤　rènxìng 韧性

作品 50 号

著名教育家班杰明曾经接到一个青年人的求救电话，并与那个向往成功、渴望指点的青年人约好了见面的时间和地点。

待那个青年如约而至时，班杰明的房门敞开着，眼前的景象却令青年人颇感意外——班杰明的房间里乱七八糟、狼藉一片。

没等青年人开口，班杰明就招呼道：“你看我这房间，太不整洁了，请你在门外等候一分钟，我收拾一下，你再进来吧。”一边说着，班杰明就轻轻地关上了房门。

不到一分钟的时间，班杰明就又打开了房门并热情地把青年人让进客厅。这时，青年人的眼前展现出另一番景象——房间内的一切已变得井然有序，而且有两杯刚刚倒好的红酒，在淡淡的香水气息里还漾着微波。

可是，没等青年人把满腹的有关人生和事业的疑难问题向班杰明讲出来，班杰明就非常客气地说道：“干杯。你可以走了。”

青年人手持酒杯一下子愣住了，既尴尬又非常遗憾地说：“可是，我……我还没向您请教呢……”

“这些……难道还不够吗？”班杰明一边微笑着，一边扫视着自己的房间，轻言细语地说，“你进来又有一分钟了。”

“一分钟……一分钟……”青年人若有所思地说，“我懂了，您让我明白了一分钟的时间可以做许//多事情，可以改变许多事情的深刻道理。”

班杰明舒心地笑了。青年人把杯里的红酒一饮而尽，向班杰明连连道谢后，开心地走了。

其实，只要把握好生命的每一分钟，也就把握了理想的人生。

节选自纪广洋《一分钟》

语音提示：

céngjīng chǎngkāi pō luànqībāzāo zhāohu yàng mǎnfù kèqi

曾经 敞开 颇 乱七八糟 招呼 漾 满腹 客气

gāngà bǎwò

尴尬 把握

作品 51 号

有个塌鼻子的小男孩儿，因为两岁时得过脑炎，智力受损，学习起来很吃力。打个比方，别人写作文能写两三百字，他却只能写三五行。但即便这样的作文，他同样能写得很动人。

那是一次作文课，题目是《愿望》。他极其认真地想了半天，然后极认真地写，那作文极短。只有三句话：我有两个愿望，第一个是，妈妈天天笑眯眯地看着我说："你真聪明。"第二个是，老师天天笑眯眯地看着我说："你一点儿也不笨。"

于是，就是这篇作文，深深地打动了他的老师，那位妈妈式的老师不仅给了他最高分，在班上带感情地朗读了这篇作文，还一笔一画地批道：你很聪明，你的作文写得非常感人，请放心，妈妈肯定会格外喜欢你的，老师肯定会格外喜欢你的，大家肯定会格外喜欢你的。捧着作文本，他笑了，蹦蹦跳跳地回家了，像只喜鹊。但他并没有把作文本拿给妈妈看，他是在等待，等待着一个美好的时刻。

那个时刻终于到了，是妈妈的生日——一个阳光灿烂的星期天。那天，他起得特别早，把作文本装在一个亲手做的美丽的大信封里，等着妈妈醒来。妈妈刚刚睁眼醒来，他就笑眯眯地走到妈妈跟前说："妈妈，今天是您的生日，我要//送给您一件礼物。"

果然，看着这篇作文，妈妈甜甜地涌出了两行热泪，一把搂住小男孩儿，搂得很紧很紧。

是的，智力可以受损，但爱永远不会。

节选自张玉庭《一个美丽的故事》

语音提示：

tā shòusǔn bǐfang xǐhuan bèngbèng-tiàotiào qīnshǒu nín yǒngchū

塌 受损 比方 喜欢 蹦蹦跳跳 亲手 您 涌出

nánhái
男孩儿

作品52号

小学的时候，有一次我们去海边远足，妈妈没有做便饭，给了我十块钱买午餐。好像走了很久，很久，终于到海边了，大家坐下来便吃饭。荒凉的海边没有商店，我一个人跑到防风林外面去，级任老师要大家把吃剩的饭菜分给我一点儿。有两三个男生留下一点儿给我，还有一个女生，她的米饭拌了酱油，很香。我吃完的时候，她笑眯眯地看着我，短头发，脸圆圆的。

她的名字叫翁香玉。

每天放学的时候，她走的是经过我们家的一条小路，带着一位比她小的男孩儿，可能是弟弟。小路边是一条清澈见底的小溪，两旁竹阴覆盖，我总是远远地跟在她后面。夏日的午后特别炎热，走到半路她会停下来，拿手帕在溪水里浸湿，为小男孩儿擦脸。我也在后面停下来，把肮脏的手帕弄湿了擦脸，再一路远远跟着她回家。

后来我们家搬到镇上去了，过几年我也上了中学。有一天放学回家，在火车上，看见斜对面一位短头发、圆圆脸的女孩儿，一身素净的白衣黑裙。我想她一定不认识我了。火车很快到站了，我随着人群挤向门口，她也走近了，叫我的名字。这是她第一次和我说话。她笑眯眯的，和我一起走过月台。以后就没有再见过//她了。

这篇文章收在我出版的《少年心事》这本书里。

书出版后半年，有一天我忽然收到出版社转来的一封信，信封上是陌生的字迹，但清楚地写着我的本名。

信里面说她看到这篇文章心里非常激动，没想到在离开家乡，漂泊异地这么久之后，会看见自己仍然在一个人的记忆里，她自己也深深记得这其中的每一幕，只是没想到越过遥远的时空，竟然另一个人也深深记得。

节选自苦伶《永远的记忆》

语音提示：

shíhou	māma	xiàomīmī de	tóufa	míngzi	háir	dìdi	qīngchè
时候	妈妈	笑眯眯地	头发	名字	孩儿	弟弟	清澈

hòumian	wǔhòu	jìnshī	āngzāng	sùjing	rènshi	mòshēng	zìjì	piāobó
后面	午后	浸湿	肮脏	素净	认识	陌生	字迹	漂泊

zhème	réngrán
这么	仍然

作品 53 号

在繁华的巴黎大街的路旁，站着一个衣衫褴褛、头发斑白、双目失明的老人。他不像其他乞丐那样伸手向过路行人乞讨，而是在身旁立一块木牌，上面写着："我什么也看不见！"街上过往的行人很多，看了木牌上的字都无动于衷，有的还淡淡一笑，便姗姗而去了。

这天中午，法国著名诗人让·彼浩勒也经过这里。他看看木牌上的字，问盲老人："老人家，今天上午有人给你钱吗？"

盲老人叹息着回答："我，我什么也没有得到。"说着，脸上的神情非常悲伤。

让·彼浩勒听了，拿起笔悄悄地在那行字的前面添上了"春天到了，可是"几个字，就匆匆地离开了。

晚上，让·彼浩勒又经过这里，问那个盲老人下午的情况。盲老人笑着回答说："先生，不知为什么，下午给我钱的人多极了！"让·彼浩勒听了，摸着胡子满意地笑了。

"春天到了，可是我什么也看不见！"这富有诗意的语言，产生这么大的作用，就在于它有非常浓厚的感情色彩。是的，春天是美好的，那蓝天白云，那绿树红花，那莺歌燕舞，那流水人家，怎么不叫人陶醉呢？但这良辰美景，对于一个双目失明的人来说，只是一片漆黑。当人们想到这个盲老人，一生中竟连万紫千红的春天//都不曾看到，怎能不对他产生同情之心呢？

节选自小学《语文》第六册中《语言的魅力》

语音提示：

lánlǚ	qǐtǎo	shénme	shānshān-érqù	liángchén-měijǐng
褴褛	乞讨	什么	姗姗而去	良辰美景

作品 54 号

有一次，苏东坡的朋友张鹗拿着一张宣纸来求他写一幅字，而且希望他写一点儿关于养生方面的内容。苏东坡思索了一会儿，点点头说："我得到了一个养生长寿古方，药只有四味，今天就赠给你吧。"于是，东坡的狼毫在纸上挥洒起来，上面写着："一曰无事以当贵，二曰早寝以当富，三曰安步以当车，四曰晚食以当肉。"

这哪里有药？张鹗一脸茫然地问。苏东坡笑着解释说，养生长寿的要诀，全在这四句里面。

所谓"无事以当贵"，是指人不要把功名利禄、荣辱得失考虑得太多，如能在情志上潇洒大度，随遇而安，无事以求，这比富贵更能使人终其天年。

“早寝以当富”，指吃好穿好、财货充足，并非就能使你长寿。对老年人来说，养成良好的起居习惯，尤其是早睡早起，比获得任何财富更加宝贵。

“安步以当车”，指人不要过于讲求安逸、肢体不劳，而应多以步行来替代骑马乘车，多运动才可以强健体魄，通畅气血。

“晚食以当肉”，意思是人应该用已饥方食、未饱先止代替对美味佳肴的贪吃无厌。他进一步解释，饿了以后才进食，虽然是粗茶淡饭，但其香甜可口会胜过山珍；如果饱了还要勉强吃，即使美味佳肴摆在眼前也难以//下咽。

苏东坡的四味“长寿药”，实际上是强调了情志、睡眠、运动、饮食四个方面对养生长寿的重要性，这种养生观点即使在今天仍然值得借鉴。

节选自蒲昭和《赠你四味长寿药》

语音提示：

è	yìdiǎnr	huīsǎ	dàng	zǎoqǐn	róngrǔ	chéngchē	wèibǎoxiānzhǐ
鹗	一点儿	挥洒	当	早寝	荣辱	乘车	未饱先止
jíshǐ	réngrán						
即使	仍然						

作品 55 号

人活着，最要紧的是寻觅到那片代表着生命绿色和人类希望的丛林，然后选一高高的枝头站在那里观览人生，消化痛苦，孕育歌声，愉悦世界！

这可真是一种潇洒的人生态度，这可真是一种心境爽朗的情感风貌。

站在历史的枝头微笑，可以减免许多烦恼。在那里，你可以从众生相所包含的甜酸苦辣、百味人生中寻找你自己；你境遇中的那点儿苦痛，也许相比之下，再也难以占据一席之地；你会较容易地获得从不悦中解脱灵魂的力量，使之不致变得灰色。

人站得高些，不但能有幸早些领略到希望的曙光，还能有幸发现生命的立体的诗篇。每一个人的人生，都是这诗篇中的一个词、一个句子或者一个标点。你可能没有成为一个美丽的词，一个引人注目的句子，一个惊叹号，但你依然是这生命的立体诗篇中的一个音节、一个停顿、一个必不可少的组成部分。这足以使你放弃前嫌，萌生为人类孕育新的歌声的兴致，为世界带来更多的诗意。

最可怕的人生见解，是把多维的生存图景看成平面。因为那平面上刻下的大多是凝固了的历史——过去的遗迹；但活着的人们，活得却是充满着新生智慧的，由//不断逝去的“现在”组成的未来。人生不能像某些鱼类躺着游，人生也不能像某些兽类爬着走，而应该站着向前行，这才是人类应有的生存姿态。

节选自[美]本杰明·拉什《站在历史的枝头微笑》

语音提示：

cónglín 丛林　xiāosǎ 潇洒　lìliang 力量　lǐnglüè 领略　shǔguāng 曙光　méngshēng 萌生　shēngcún 生存　nínggù 凝固

作品 56 号

中国的第一大岛、台湾省的主岛台湾，位于中国大陆架的东南方，地处东海和南海之间，隔着台湾海峡和大陆相望。天气晴朗的时候，站在福建沿海较高的地方，就可以隐隐约约地望见岛上的高山和云朵。

台湾岛形状狭长，从东到西，最宽处只有一百四十多公里；由南至北，最长的地方约有三百九十多公里。地形像一个纺织用的梭子。

台湾岛上的山脉纵贯南北，中间的中央山脉犹如全岛的脊梁。西部为海拔近四千米的玉山山脉，是中国东部的最高峰。全岛约有三分之一的地方是平地，其余为山地。岛内有缎带般的瀑布、蓝宝石似的湖泊、四季常青的森林和果园，自然景色十分优美。西南部的阿里山和日月潭，台北市郊的大屯山风景区，都是闻名世界的游览胜地。

台湾岛地处热带和温带之间，四面环海，雨水充足，气温受到海洋的调剂，冬暖夏凉，四季如春，这给水稻和果木生长提供了优越的条件。水稻、甘蔗、樟脑是台湾的“三宝”。岛上还盛产鲜果和鱼虾。

台湾岛还是一个闻名世界的“蝴蝶王国”。岛上的蝴蝶共有四百多个品种，其中有不少是世界稀有的珍贵品种。岛上还有不少鸟语花香的蝴//蝶谷，岛上居民利用蝴蝶制作的标本和艺术品，远销许多国家。

节选自《中国的宝岛——台湾》

语音提示：

dàlùjià 大陆架　dìchǔ 地处　suōzi 梭子　jǐliang 脊梁　húpō 湖泊　Dàtúnshān 大屯山　tiáojì 调剂　zhìzuò 制作

作品 57 号

对于中国的牛，我有着一种特别尊敬的感情。留给我印象最深的，要算在田垄上的一次“相遇”。一群朋友郊游，我领头在狭窄的阡陌上走，怎料迎面来了几头耕牛，狭道容不下人和牛，终有一方要让路。它们还没有走近，我们已经预计斗不过畜生，恐怕难免踩到田地泥水里，弄得鞋袜又泥又湿了。正踟蹰的时候，带头的一头牛，在离我们不远的地方停下来，抬起头看看，稍迟疑一下，就自动走下田去。一队耕牛，全跟着它离开阡陌，从我们身边经过。

我们都呆了，回过头来，看着深褐色的牛队，在路的尽头消失，忽然觉得自己受了很大的恩惠。

中国的牛，永远沉默地为人做着沉重的工作。在大地上，在晨光或烈日下，它拖着沉重的犁，低头一步又一步，拖出了身后一列又一列松土，好让人们下种。等到满地金黄或农闲时候，它可能还得担当搬运负重的工作；或终日绕着石磨，朝同一方向，走不计程的路。

在它沉默的劳动中，人便得到应得的收成。

那时候，也许，它可以松一肩重担，站在树下，吃几口嫩草。偶尔摇摇尾巴，摆摆耳朵，赶走飞附身上的苍蝇，已经算是它最闲适的生活了。

中国的牛，没有成群奔跑的习//惯，永远沉沉实实的，默默地工作，平心静气。这就是中国的牛！

节选自小思《中国的牛》

语音提示：

zūnjìng 尊敬　tiánlǒng 田垄　xiázhǎi 狭窄　qiānmò 阡陌　chíchú 踟蹰　ēnhuì 恩惠　hái děi 还得　ràozhe 绕着

shōucheng 收成　shíhou 时候　wěiba 尾巴　ěrduo 耳朵　cāngying 苍蝇

作品 58 号

不管我的梦想能否成为事实，说出来总是好玩儿的：春天，我将要住在杭州。二十年前，旧历的二月初，在西湖我看见了嫩柳与菜花，碧浪与翠竹。由我看到的那点儿春光，已经可以断定，杭州的春天必定会教人整天生活在诗与图画之中。所以，春天我的家应当是在杭州。

夏天，我想青城山应当算作最理想的地方。在那里，我虽然只住过十天，可是它的幽静已拴住了我的心灵。在我所看见过的山水中，只有这里没有使我失望。到处都是绿，目之所及，那片淡而光润的绿色都在轻轻地颤动，仿佛要流入空中与心中似的。这个绿色会像音乐，涤清了心中的万虑。

秋天一定要住北平。天堂是什么样子，我不知道，但是从我的生活经验去判断，北平之秋便是天堂。论天气，不冷不热。论吃的，苹果、梨、柿子、枣儿、葡萄，每样都有若干种。论花草，菊花种类之多，花式之奇，可以甲天下。西山有红叶可见，北海可以划船——虽然荷花已残，荷叶可还有一片清香。衣食住行，在北平的秋天，是没有一项不使人满意的。

冬天，我还没有打好主意，成都或者相当的合适，虽然并不怎样和暖，可是为了水仙，素心腊梅，各色的茶花，仿佛就受一点儿寒//冷，也颇值得去了。昆明的花也多，而且天气比成都好，可是旧书铺与精美而便宜的小吃远不及成都那么多。好吧，就暂这么规定：冬天不住成都便住昆明吧。

在抗战中，我没能发国难财。我想，抗战胜利以后，我必能阔起来。那时候，假若飞机减价，一二百元就能买一架的话，我就自备一架，择黄道吉日慢慢地飞行。

节选自老舍《住的梦》

语音提示：

hǎowánr 好玩儿　nàdiǎnr 那点儿　jiào rén 教人　shuānzhù 拴住　chàndòng 颤动　díqīng 涤清　zǎor 枣儿

yì diǎnr 一点儿　guónàncái 国难财

作品 59 号

我不由得停住了脚步。

从未见过开得这样盛的藤萝，只见一片辉煌的淡紫色，像一条瀑布，从空中垂下，不见其发端，也不见其终极，只是深深浅浅的紫，仿佛在流动，在欢笑，在不停地生长。紫色的大条幅上，泛着点点银光，就像迸溅的水花。仔细看时，才知那是每一朵紫花中的最浅淡的部分，在和阳光互相挑逗。

这里除了光彩，还有淡淡的芳香。香气似乎也是浅紫色的，梦幻一般轻轻地笼罩着我。忽然记起十多年前，家门外也曾有过一大株紫藤萝，它依傍一株枯槐爬得很高，但花朵从来都稀落，东一穗西一串伶仃地挂在树梢，好像在察言观色，试探什么。后来索性连那稀零的花串也没有了。园中别的紫藤花架也都拆掉，改种了果树。那时的说法是，花和生活腐化有必然关系。我曾遗憾地想：这里再看不见藤萝花了。

过了这么多年，藤萝又开花了，而且开得这样盛，这样密，紫色的瀑布遮住了粗壮的盘虬卧龙般的枝干，不断地流着，流着，流向人的心底。

花和人都会遇到各种各样的不幸，但是生命的长河是无止境的。我抚摸了一下那小小的紫色的花舱，那里满装了生命的酒酿，它张满了帆，在这//闪光的花的河流上航行。它是万花中的一朵，也正是由每一个一朵，组成了万花灿烂的流动的瀑布。

在这浅紫色的光辉和浅紫色的芳香中，我不觉加快了脚步。

节选自宗璞《紫藤萝瀑布》

语音提示：

chuíxià 垂下　bèngjiàn 迸溅　tiǎodòu 挑逗　sìhū 似乎　lǒngzhào 笼罩　yībàng 依傍　suì 穗　língdīng 伶仃

cūzhuàng 粗壮　pánqiú-wòlóng 盘虬卧龙　huācāng 花舱

作品 60 号

在一次名人访问中，被问及上个世纪最重要的发明是什么时，有人说是电脑，有人说是汽车，等等。但新加坡的一位知名人士却说是冷气机。他解释，如果没有冷气，热带地区如东南亚国家，就不可能有很高的生产力，就不可能达到今天的生活水准。他的回答实事求是，有理有据。

看了上述报道，我突发奇想：为什么没有记者问："二十世纪最糟糕的发明是什么？"其实二○○二年十月中旬，英国的一家报纸就评出了"人类最糟糕的发明"。获此"殊荣"的，就是人们每天大量使用的塑料袋。

诞生于上个世纪三十年代的塑料袋，其家族包括用塑料制成的快餐饭盒、包装纸、餐用杯盘、饮料瓶、酸奶杯、雪糕杯等等。这些废弃物形成的垃圾，数量多、体积大、重量轻、不可降解，给治理工作带来很多技术难题和社会问题。

比如，散落在田间、路边及草丛中的塑料餐盒，一旦被牲畜吞食，就会危及健康甚至导致死亡。填埋废弃塑料袋、塑料餐盒的土地，不能生长庄稼和树木，造成土地板结，而焚烧处理这些塑料垃圾，则会释放出多种化学有毒气体，其中一种称为二恶英的化合物，毒性极大。

此外，在生产塑料袋、塑料餐盒的过//程中使用的氟利昂，对人体免疫系统和生态环境造成的破坏也极为严重。

节选自林光如《最糟糕的发明》

语音提示：

sùliàodài zhìchéng sànluò zhuāngjia bǎnjié fénshāo chǔlǐ

塑料袋 制成 散落 庄稼 板结 焚烧 处理

èr'è yīng

二恶英

参考书目

[1]国家语言文字工作委员会普通话培训测试中心编制. 普通话水平测试实施纲要. 北京:商务印书馆,2004.

[2]广西语言文字工作委员会普通话培训测试中心编制. 普通话培训与测试. 南宁:广西教育出版社,2004.

后　记

为适应职业教育发展需要，各职业学校都在积极进行课程改革与教材建设的探索。本教材就是根据教育部《中等职业教育改革创新活动计划(2010－2012年)》，为实施“中等职业学校课程改革创新计划”的有关要求而编写的。

本书在编写中力图体现以下特点：一是试图将普通话的训练要素融入职业教育和旅游行业的大背景。每课的主题均从旅游的食、住、行、游、购、娱六大环节中选取，并通过会话的方式进行，改变往常单一枯燥的字、词、句练习模式，以增加学生学习的趣味性。二是突出职业教育实用性、就业性的特点。选择鲜活的具有职教特点的主题，如“在购物”“餐厅服务”“黄金周”等；向学生进行就业指导，如“就业”“创业”“人才招聘”等主题会话，旨在引导学生进行职业生涯设计。三是主题选择注意与时俱进，做到有新意。体现新政策、新潮流，如“红色旅游”等；展现新行业、新语言，如“农家乐”“自助旅游”等。

本教材由桂林市职业教育中心学校陈怡君担任主编，桂林和顺旅行社外联部经理肖锦英、海口旅游职业学校蒋靳任副主编，参编人员有桂林市职业教育中心学校唐少玲、陀赞梅和陕西省旅游学校席艳。

本教材在编写过程中，编者费了不少心力，进行了大胆的尝试，其效果如何，还有待使用者来检验。同时，本书参阅了大量资料，在此向这些资料的作者表示衷心感谢。

课改教材的开发与建设，是职业教育改革的一种新尝试。任何一项改革与探索，都不是一蹴而就的事情，衷心希望读者在使用此教材时提出建议和意见，以便修订时加以完善。

编　者